T0278582

PATRICIO FURMAN

ATRAGANTADOS

LA CAUSA N° 1 DE INFELICIDAD

Furman, Patricio
    Atragantados / Patricio Furman. - 1a ed. - Ciudad Autónoma de Buenos Aires : Del Nuevo Extremo, 2022.
    198 p. ; 23 x 15 cm.

    ISBN 978-987-609-817-5

    1. Superación Personal. 2. Psicología. I. Título.
    CDD 158.1

© 2022, Editorial Del Nuevo Extremo S.A.
Charlone 1351 - CABA
Tel / Fax (54 11) 4552-4115 / 4551-9445
e-mail: info@dnxlibros.com
www.delnuevoextremo.com

Diseño de tapa: WOLFCODE
Correcciones: Ana Guillot
Diseño y compaginación interior: Dumas Bookmakers

Primera edición: agosto de 2022

ISBN 978-987-609-817-5

A mi viejo, quien me hubiera encantado que llegara a leerlo

ÍNDICE

Todo lo que quisiste hacer y no hiciste

Todo lo que quisiste decir y no dijiste

INTRODUCCIÓN

¿Qué pasaría si llegara un extraterrestre a la tierra y te preguntara *cómo tener una buena vida?* ¿Qué le responderías?

¿Que eso no existe?

¿Que es una demanda infantil e ingenua?

¿Que se vuelva a su planeta porque nunca lo va a lograr?

¿Que es muy ambicioso?

¿Que podría llevarle todo una vida intentar llegar a una respuesta y ni aun así lograrlo?

¿Que haga su propia experiencia?

¿Que no sabés cómo?

¿Acaso le tirarías por la cabeza un millón de libros con infinitas teorías diferentes y contradictorias entre sí?

¿O existirá una forma de guiarlo para que efectivamente tenga una buena vida siguiendo una serie de pasos?

Siempre parece más fácil mirar desde afuera a otros para poder tener una perspectiva más calma, lúcida, y entender con mayor claridad lo que les pasa, pero la realidad es que ese extraterrestre somos nosotros. No importa en qué instancia de la vida estemos hoy (ya sea de edad, progreso, logros, etc.), si no estamos teniendo la vida que queremos es momento de parar la pelota y tener una charla con ese extraterrestre. Escuchar su demanda y ponerse a pensar… ¿Existirá alguna forma de ayudarlo? Tal vez suena un poco exigente su demanda. Pero para eso llegó este libro a tus manos. Para que puedas ayudarlo y entender que ese extraterrestre, lógicamente, sos vos. Y acá va mi ayuda para esa charla.

Está fuera de discusión que las personas somos seres complejos y no es posible resolver todos los conflictos simplemente apretando un botón. Ahora, esto no tiene que ser motivo para tirar la toalla con la lógica de "si no puedo resolver todo en este instante entonces no hay nada para hacer". Primero, porque sí hay mucho que se puede hacer para resolver cuestiones de manera rápida y concreta. Y, segundo, porque vamos a ver que no es necesario tener todo resuelto, como creemos, para alcanzar la vida que queremos. En el camino iremos mejorando y resolviendo más cosas, pero este libro tiene como objetivo que ya mismo empieces a vivir tal como te gustaría.

1- QUÉ ES ESTAR ATRAGANTADO

» Chicos haciendo previas con alcohol antes de salir a bailar.

» Personas mirando hipnotizadas programas de televisión con debates dedicados a mostrar las habilidades de quien contesta más rápido, "sin guardarse nada".

» Charlas de horas por celular con amigos para descargar la bronca por una situación que ocurrió.

» Personas luchando por grandes causas ajenas a sí mismas como si su propia vida estuviera en juego.

» Personas manejando y buscando pelea en cada maniobra.

» Discusiones pasionales sobre fútbol y política que hasta ponen relaciones en juego.

» Cafés repletos de conversaciones verborrágicas buscando aliviar algo acumulado.

» Cuchicheos de oficina comentando lo que pasó con un compañero el día anterior.

¿Qué es lo que tienen en común estas escenas?

¿Qué es lo que está haciendo toda esa gente con esos extraños hábitos?, pregunta desconcertado un extraterrestre.

Que están buscando desatragantarse de todo lo que los tiene o puede dejar atragantados. Personas de distintas edades, contextos y situaciones al punto que parece difícil encontrarles algo en común. Pero todas terminan reunidas en un mismo "lugar": el atragantamiento y la necesidad desesperada por desatragantarse. De hecho hasta podemos rastrearlo en clásicos de la literatura, como en el caso de la mismísima Blancanieves en donde, como menciona Ana Guillot[1] en su análisis simbólico de los cuentos maravillosos, la expulsión de la manzana envenenada la hace "revivir". Expulsión que literal y simbólicamente desatraganta y libera a la protagonista: "... saltó de la garganta de Blancanieves el bocado de la manzana envenenada, que todavía seguía atragantada." (en la versión de los hermanos Grimm). **Es decir, trata de un tema que excede cualquier época y lugar.**

¿Cuál es la causa N° 1 de infelicidad?

Vivir atragantados es lo que nos causa infelicidad.

¿Y qué es lo que queda atragantado? Todo aquello que queríamos decir y no dijimos, todo aquello que quisimos hacer y no hicimos.

Esto supone grandes elecciones de vida, decisiones que queremos o quisimos tomar y no pudimos, como también pequeños (hasta a veces intrascendentes) pasos diarios que no damos y que van construyendo nuestro modo de vida.

Dentro de las grandes decisiones podemos pensar en la elección de nuestra pareja, la carrera que seguimos, el trabajo, dónde vivimos, nuestro entorno, y todos aquellos temas dentro de los cuales está inmersa nuestra vida.

---

1 Guillot, Ana. *Buscando el final feliz (hacia una nueva lectura de los cuentos maravillosos)*. Buenos Aires, Del Nuevo Extremo, 2014.

Ellos lógicamente la afectan de manera significativa, ya que estar junto a una persona con la que no quiero estar, trabajar de lo que no quiero trabajar, llevar la vida que no quiero llevar claramente va a conducirnos hacia una vida infeliz. Por otra parte están las pequeñas situaciones y decisiones, los pequeños pasos diarios, esos que pasan desapercibidos y que construyen día a día nuestra infelicidad o una vida de plenitud.

Y esto no es nada nuevo. Cuando se habla de vivir el momento, o de estar presente en el AHORA, de lo que en definitiva se está hablando es del peso y la importancia de nuestro comportamiento diario. De cada instante, y no de grandes decisiones.

Entonces vamos a enfocarnos también en esos pequeños pasos que no damos, que nos quedan atragantados y que tienen la posibilidad de generar grandes cambios en nosotros:

» Esa chica a la que quería hablarle y no me animé.
» La mano que tenía que levantar para preguntar y no levanté.
» Eso que quise decir y no dije.
» Esa respuesta que quería dar y me guardé.
» Eso que quise hacer y no hice.
» Ese llamado que postergué.

Pequeñas acciones que de a poco van conformando una interminable lista de pasos que queremos dar y no podemos, no sabemos o no nos animamos. Por lo tanto nos quedamos atragantados y, en consecuencia, insatisfechos, molestos, idos del ahora, del presente, por estar continuamente revisando aquello que dejamos pasar o si debimos actuar de un modo diferente.

La principal fuente de insatisfacción en la vida

Se cree que lo que nos trastorna o hace la vida complicada tiene que ver con GRANDES problemas o desafíos, pero no es así.

La realidad es que: *"No son las montañas que tienes por delante las que te fatigan, sino la piedra en tu zapato."* **Muhammad Alí**

¿Y cuál es esa piedra?

La inhibición cotidiana que padecemos y que hace que nuestro deseo, nuestras ganas, nuestra energía queden frenados y no puedan llegar a donde quieren o podrían. Esa inhibición es la principal fuente de frustración, insatisfacción e infelicidad, por no permitirnos desplegar todo cuanto queremos desplegar. Desde pequeñas situaciones cotidianas hasta deseos estancados que ni sabemos por qué lo están.

Son estas inhibiciones las responsables de dejarnos atragantados.

¿Qué es entonces lo que nos tiene atragantados?

Como decía, situaciones en las que no actuamos acorde a nuestro deseo, sino que hicimos lo que nos "salió", como si otro estuviera decidiendo por nosotros. Entonces, una vez que la situación ya ocurrió, nos reprochamos a nosotros mismos (como si fuera a otra persona) por lo que hicimos, dijimos o, mejor dicho, dejamos de hacer o decir.

¿Por qué hice esto? ¿Por qué lo dije? Me hubiera gustado contestarle esto o aquello. Debería haber hecho esto otro. ¡Era mi momento pero no me animé!

Entonces veamos algunas categorías en donde se frena el camino de lo que queríamos hacer y nos dejó atragantados:

1. Pequeñas situaciones cotidianas ante las que no supimos cómo reaccionar, acciones diarias que no nos animamos a realizar.

2. Grandes decisiones que no nos animamos a tomar.

3. Deseos desconocidos, estancados, inhabilitados, al mejor estilo del cartel "PROHIBIDO PASAR".

Consideremos ahora algunos ejemplos de cada una

1. Pequeñas situaciones cotidianas en las que no supimos cómo reaccionar (es decir, no elegimos nuestra reacción):

» No quiero que mi novia mire mi celular, pero si no la dejo piensa mal.

» Un comentario al pasar que no me cayó bien (pareja, familiar, amigo o compañero) y ante el que no reaccioné.

» Mi nuera/yerno me trata mal pero no quiero generar un conflicto familiar con mis hijos.

» Una pelea de tránsito.

» Una discusión sobre fútbol, política, o trabajo.

» Levantar la mano y preguntar en clase.

» Intervenir en una reunión de trabajo.

» Hablarle a la chica o al chico que me gusta.

» Hacer el llamado al cliente.

» Hablar con mi jefe por un aumento.

2. Algunos ejemplos de grandes decisiones que no nos animamos a tomar:

» Cambiarme de trabajo.

» Dedicarme a lo que quiero.

» Cambiar de carrera.

» Separarme.

» Mudarme de un lugar que no me gusta.

3. Deseos estancados, inhabilitados – "PROHIBIDO PA-SAR":

» Cuanto más cerca estoy de lo que quiero, más me angustio.

» Cuando lo consigo, ya no lo disfruto.

» Me quedan unas materias para recibirme y no puedo terminarlas.

» No sé qué quiero (insatisfacción general sin motivo aparente).

» Me encanta hacer muchas cosas que finalmente nunca hago.

» No puedo terminar lo que empiezo (dietas, gimnasio, proyecto de trabajo).

Todas estas últimas están íntimamente relacionadas con la IMPOTENCIA: *quiero pero no puedo (o directamente no sé lo que quiero),* y son la máxima expresión de aquellos caminos que deseo recorrer pero que, por algún motivo, me aparecen inhabilitados, lo cual genera una fuente de enorme frustración y el sentimiento de quedar atragantados.

¿Y por qué no lo hicimos o no lo dijimos?

» Porque no sabíamos cómo hacerlo.

» Porque teníamos miedo de hacerlo.

» Porque detrás de ese **no-paso** se esconde un beneficio.

» Porque no entendemos qué es lo que nos ocurre.

Quedar atragantado es la causa principal de insatisfacción cotidiana y, a gran escala, de no tener una buena vida. La razón por la cual la mayoría de las personas no tienen una buena vida no se debe a sus GRANDES problemas. Los pueden tener, pero eso no es lo que los hace infelices. De hecho la mayoría no los tiene. Si hiciéramos dos listas, una con todas las cosas por las que tenemos que estar agradecidos y otra con todas las cosas malas, las listas serían totalmente desproporcionadas; esto deja en evidencia que el problema no está ahí: las grandes desgracias no son la fuente de infelicidad.

Tampoco genera una mala vida el hecho de no tener la ambición por lograr grandes cosas o, como se dice, por no soñar "en grande". A veces aparece esta idea de que alguien puede llevar una vida de insatisfacción por no tener grandes aspiraciones, y esto es falso. Lo que genera en todo caso esa insatisfacción es tener energía dirigida hacia esas grandes metas y no hacer nada en consecuencia. Es decir, no concretar el deseo por ellas.

Pero no es la falta de metas o ambición lo que genera esa falta de plenitud. Lo que genera una mala vida, de insatisfacción, de mal humor, es que en realidad se trata de una vida impotente, atragantada. Con decisiones importantes sin tomar, situaciones de la vida cotidiana sin contestar, acciones diarias sin activar, proyectos o deseos jamás concretados. Los cuales, entre otras cosas, nos traen como consecuencia bajar nuestra autoestima para hacernos sentir cada vez menos capaces de lograr lo que queremos. Por lo tanto, para tomar decisiones, dar pasos y no quedar atragantados no necesitamos metas, grandes ambiciones ni tampoco una vida agraciada sin grandes contratiempos. Lo que necesitamos es **habilitar los caminos que por diferentes motivos aparecen bloqueados**.

Del mismo modo que no son las grandes cosas las que nos arruinan la vida, tampoco son los grandes logros los que nos la hacen buena: ¿o acaso no conocemos personas súper exitosas pero totalmente deprimidas o insatisfechas?

Por otro lado, y a partir de pequeñas situaciones, también podemos pensar en aspectos aparentemente intrascendentes que cambiaron totalmente nuestro humor y autoestima. ¿Recordás el día en que por fin pudiste expresar exactamente lo que querías decirle a una persona y no podías?, ¿cómo te sentiste? Te fuiste a dormir con una sonrisa, en paz, recordando una y otra vez ese momento como si hubieras logrado el campeonato del mundo.

Vida plena versus felicidad

Tener una vida de plenitud es lo que buscamos, una vida de satisfacción, lo que habitualmente llamamos una BUENA VIDA. Pero, ¿qué significa una vida PLENA? Que se despliega lo máximo posible. Eso en ningún punto significa alegría total o libre de sufrimiento.

> ¿Qué significa una vida PLENA?
> Que se despliega lo máximo posible.

El concepto de felicidad muchas veces va por ese lado, el del placer absoluto. Es por eso que hablo de tener una vida plena y no de ser feliz, porque no me gusta usar la palabra FELICIDAD a la hora de buscar soluciones reales y prácticas. Me suena más cercano a las palabras que podríamos usar en el contexto de un retiro espiritual, pero no para implementar mañana mismo en mi trabajo y en mi vida diaria. Y ese es el objetivo del libro: el de ser lo más concreto posible y aportar soluciones inmediatas para nuestro día a día.

Cuando usamos el término **felicidad** dejamos de pensar en soluciones concretas y reales para nuestra vida cotidiana. ¿Felicidad?

¿Para qué? ¿Qué tiene que ver con mi vida? Puede ser interesante el tema, pero tenemos que entender que no sirve para programarnos la mente del modo en que queremos, que sería: *¿Qué cambios concretos puedo implementar en mi vida para hoy mismo tener los resultados que quiero?*

Si no nos sentimos identificados con el tema, difícilmente vayamos a actuar o a ponernos en marcha.

Y cuando se habla de felicidad automáticamente se apagan todas las conexiones acerca de aquello que realmente vamos a ser capaces de realizar. Tal vez sirva para una charla nostálgica de Año Nuevo con unas copas de más. Pero acá estoy hablando de lograr algo que aplique un lunes de mayo por la mañana en la oficina y en plena actividad del año.

No creo que el problema con el concepto de felicidad es que sea demasiado ambicioso y, por lo tanto, irreal. No soy de los que creen que hay que conformarse con menos de lo que podemos lograr, o que hay que aspirar a poco, ser "realista" y aceptar tener una vida mediocre. La idea de este libro es alcanzar una BUENA vida, no una mediocre o conformista.

El problema con el concepto de felicidad es que, sencillamente, se trata de algo que no tiene mucho que ver con el ser humano.

La felicidad como concepto de estabilidad y goce absoluto, sin contraste, nos acerca más a pensar en una persona muerta que a las vueltas, ciclos y movimientos naturales e inherentes a la vida. Por eso no vamos a hablar sobre cómo lograr la felicidad, sino una BUENA VIDA, una vida de plenitud. Refrescante, de libertad y que, como eje fundamental, tenga que ver con uno mismo esencialmente.

> Una buena vida, de plenitud, es una vida de libertad
> con una característica principal: tiene esencialmente
> que ver con uno mismo.

En el proceso de escribir claramente tuve que hacer un recorrido en mi interior. Conocerme, trabajar en mí. Y una de las cuestiones que tienen que ver conmigo, que me conectan y entusiasman son aquellas concretas, que puedan aplicarse y, efectivamente, dar resultados. Es por eso que el espíritu de este libro es buscar soluciones que en este mismo momento puedan implementarse. Entiendo que no siempre es posible porque hay cuestiones complejas que no pueden resumirse en simples pasos. Pero estoy convencido de que no hay que complicarse intencionalmente en honor a la "profundidad de la vida". Si podemos avanzar y traducir en simples pasos todo aquello que nos permita sentirnos plenos, tenemos que hacerlo.

Así que antes de empezar, cerrando el concepto de la felicidad, si me preguntaras si soy feliz, mi respuesta sería no. No siento que aplique esa pregunta a una persona viva. Ahora, si me preguntás si tengo una buena vida, la respuesta es SÍ. Y esto no es por azar o por haber experimentado solo vivencias lindas, sino por haber dado pasos que son los que vamos a ver.

Las consecuencias de no tener habilitados los diferentes caminos de la vida

El no tener habilitados o permitidos distintos caminos no solo es lo que genera la principal causa de infelicidad sino que, además, desencadena múltiples consecuencias (negativas) en la vida diaria.

Algunas consecuencias:

» **En las relaciones (de pareja, familiares, laborales, amistades):** querías decir o hacer algo y te lo guardaste. Y ahí ya está: quedaste atragantado, envuelto en una maraña de bronca y reflexiones negativas. Claro, después necesitás descargar ese atragantamiento. Pero esa descarga suele ser totalmente desprolija y poco efectiva. Como puede ser cuando, por ejemplo, respondés mal, con bronca, sin mucho sentido, y que lleva al otro a no entender qué es lo que pasa. *¿Este enloqueció? ¿Quiere pelear?* Con lo cual, desde ya, no solo no se soluciona ni aclara el problema original sino que, además, se suma uno nuevo que, por supuesto, no tiene solución porque el motivo exclusivo es simplemente descargar bronca.

Así es como se manejan diariamente las relaciones. Con "pases de factura" con delay, intoxicándonos día a día, con la aparentemente única opción de no vernos más o, al menos, recortar el vínculo.

» **Cansancio extremo y necesidad de "desconectarse":** Otra consecuencia de no tener habilitados los caminos es el del **cansancio permanente** junto a la necesidad de desconectarse.

Claro que todos podemos estar cansados y tener ganas de entretenernos para "desconectarnos". Pero hoy en día se ve una NECESIDAD de desconexión, una adicción al entretenimiento que, con las redes sociales y celulares, llega al extremo de que ya ni siquiera hay entretenimiento, sino casi un estado de hipnosis con tal de desconectarse de uno mismo. Entrando y saliendo de pantallas, aplicaciones, redes sociales, juegos, páginas de internet como zombies, con el único fin de "salir" de algo que nos agota. Ahora, ¿qué es ese algo? ¿De qué queremos desconectarnos? ¿Del trabajo? ¿Del famoso estrés que le adjudicamos a todo (trabajo, plata, tránsito, etc.) menos a la verdadera causa?

Eso de lo cual NECESITAMOS desconectarnos no tiene que ver con UNA situación puntual, sino con un modo de transcurrir la vida, con decisiones que no estamos tomando: caminos bloqueados que nos atragantan. Situaciones pequeñas o grandes decisiones que seguimos sin resolver y que generan malestar y desgaste. De ahí que sea lógico ese cansancio extremo.

La pregunta nuevamente es:
¿Qué pasos estás dejando de dar? ¿Una pareja que no querés más? ¿Un trabajo? ¿Un entorno? ¿Un modo de comportamiento? o ¿qué pequeños pasos diarios no estás dando y acumulando?

¿Una buena vida tiene que estar llena de aventura y riesgos?

Muchas veces aparece el cliché de que las personas que tienen una buena vida son los que la viven "a fondo", tomando "a fondo" como un sinónimo de riesgos y aventura. Lo cual deja a muchos (por qué no a la mayoría) afuera, ya que esa puerta de presentación de *vení a tener una buena vida llena de riesgos* asusta al común de las personas.

Por supuesto que hay quienes se sienten identificados con la aventura y los riesgos. Pero en general la mayoría de nosotros tiende a evitarlos. De hecho por eso tienen tanto éxito las películas de acción y suspenso: nos gusta mirar esas situaciones como espectadores, no como protagonistas. Y como la única opción de vida en plenitud parecería ser la vida con riesgos, la mayoría termina tomando el camino de la mediocridad y el conformismo de la insatisfacción, pero con el beneficio de percibir seguridad y tranquilidad.

Frases tales como "vivió poco pero de una manera muy intensa" suenan lindo para un videoclip motivacional, pero no como un camino a elegir de manera sobria y sensata.

Pero es lógico que aparezcan únicamente estas dos opciones:

1. Plenitud y riesgo.
2. Seguridad y conformismo.

Porque nadie nos enseñó a dar los pasos para actuar y desinhibirnos sin necesidad de tanto riesgo.

A veces pareciera que la única forma de liberarse y descargar adrenalina es tirándose de un paracaídas o en algún deporte de riesgo o haciendo algo EXTREMO cuando, en verdad, se trata de experiencias mucho más sencillas y, a veces, hasta cotidianas. Animarnos a lo que nunca hicimos: repartir un volante por la calle, hablar en público o tomar decisiones postergadas. De hecho, ¿cuántas personas aun con conductas extremas y conflictivas están también descargando todo lo acumulado por pasos cotidianos sin dar?

Personas a las que parece no importarles nada; personas de conductas extremas, que aparentan moverse con plena libertad cuando, en verdad, no están haciendo lo que quieren ni dando los pasos que desean.

El error es pensar que una persona así se involucra en problemas porque le falta ese filtro de que, justamente, "le importe algo". Pero la lectura correcta es la inversa: hay cosas que les preocupan e interesan mucho y no saben cómo avanzar hacia ellas. Y, entonces, estos conflictos se convierten en su forma de descargar todo lo acumulado sin resolver.

¿Un deporte extremo recomendado para liberarte? Tomar DECISIONES.

> ¿Un deporte extremo recomendado para liberarte?
> Tomar DECISIONES

Te veo feliz, ¿qué estás tomando? DECISIONES.

No hay persona más sedada y relajada que aquella que está dando los pasos que quiere dar. En cambio, si alguien no se encuentra en dicha plenitud (no importa el grado de acción que tenga, ni el éxito o los logros) sencillamente NO LOS ESTÁ DANDO.

> Si una persona no tiene una vida plena, no importa el grado de acción, éxito o logros que alcance, NO ESTÁ DANDO los pasos que QUIERE dar.

Hay sujetos que son capaces de agarrase a piñas en un partido de fútbol, pero no son capaces de decirle a su mujer que la pareja no está funcionando. Y de ahí su nivel de insatisfacción y frustración atragantadas.

Entonces, ¿cómo tener una buena vida?

Haciendo lo que querés hacer.

¿Y qué es este libro?

Un entrenamiento, una guía para empezar a hacerlo.

Aclaración antes de continuar

No te sorprendas ni te asustes si a partir de ahora empezás a detectar atragantamientos por todos lados. No es que el libro te está haciendo tener una peor visión de tu vida, simplemente es señal de que estás empezando a detectar y recibir la información que necesitás para tener la vida que querés.

¿Y cómo habilito los caminos?

No me gustan ni el suspenso ni las promociones constantes que nunca llegan a darme aquello que me prometen. Por eso, a esta altura, ya va quedando bastante claro qué es estar atragantado. Veamos un anticipo resumido y concreto sobre cómo resolverlo:

¿Cómo empiezo a liberarme de ese atragantamiento?

O de manera más amplia: ¿cómo habilito los caminos que quiero recorrer?

Y la respuesta es: con alguna de las siguientes opciones o con la combinación de ellas, pero básicamente trabajando con todas paralelamente:

- » Conociéndote.

- » Poniéndote en acción.

- » Informándote.

- » Aprendicndo a hablar.

- » Haciendo terapias que trabajen aquello que está MÁS ALLÁ DE NUESTRA VOLUNTAD (como es el caso del psicoanálisis).

Todo lo que vamos a considerar tiene que ver con cómo trabajar estos caminos y cómo estas opciones nos pueden ayudar a habilitarlos.

¡Aprendé a encender las alarmas!

Vamos a ir considerando cómo solucionar distintas situaciones, para dejar de estar atragantados. Pero, antes de eso, que sería la solución, necesitamos llegar a un buen DIAGNÓSTICO. Y acá está uno de los grandes problemas: me refiero a aquellas situaciones que no son diagnosticadas a tiempo ni con la gravedad que merecen.

¿Y qué pasa cuando no se diagnostica a tiempo una enfermedad o no se toma en cuenta su gravedad? En ambos casos quedamos en problemas.

» Alguien te dijo algo que te molestó, le contestaste a los gritos pero no era lo que querías y te quedaste mal. O, a la inversa, te quedaste callado y embroncado por lo que le deberías haber dicho. Hablás con un amigo y te comenta: *"No pasa nada, no te preocupes. No tiene importancia."*

» No levantás la mano para preguntar lo que querías y te quedás atragantado. Le contás a un compañero y otra vez: *No pasa nada, no te preocupes. No tiene importancia.*

Siguiendo la analogía de las enfermedades, es como estar con un síntoma que querés hacer ver y alguien te dice *No hace falta que vayas al médico, eso es una pavada.* Y te perdés la oportunidad de ir a atenderte a tiempo.

Quedan como simples anécdotas que a todos nos pasan y compartimos con complicidad, perdiendo de vista que es precisamente AHÍ donde se va construyendo una vida de infelicidad.

Prestarle atención a estas situaciones, dejar de tomarlas como simples anécdotas cotidianas e intrascendentes es un gran comienzo. Es la oportunidad de encender las alarmas a tiempo ante estos síntomas que nos van a guiar para comprender por dónde tenemos que ajustar a fin de dejar de atragantarnos.

Momentos en los que encender las alarmas o cuándo leer este libro:

- Cuando te encuentres apagado.

- Cuando sientas que vivís bajo las reglas de otros.

- Cuando estés con bronca.

- Cuando te sientas malhumorado.

- Cuando estés luchando intensamente por tantas causas.

- Cuando te sientas insatisfecho con tu vida.

- Cuando te empiece a venir seguido el "no me animo a…"

- Cuando creas que estás estancado.

- Cuando creas que estás para más.

- Cuando te preguntes: ¿y para cuándo la vida que quiero?

- Cuando empieces a creer que la verdadera respuesta a tu situación sea: ¡RESIGNARTE!

Por qué lo escribo

Decidí escribir este libro porque este tema (desinhibirse, dejar de atragantarse, animarse a dar los pasos que tenemos que dar) se transformó en una CAUSA en mi vida. Y como pasa en la mayoría de los casos de quienes tienen una CAUSA en su vida, el origen se encuentra en circunstancias negativas, de sufrimiento. Algo que nos hace sufrir y se transforma en la nafta a la cual dedicamos gran parte de los pensamientos y reflexiones con el objetivo de resolverlo y ayudar a otros a lograrlo también.

En este caso, esta es la mía: que, como te dije antes, puedas hacer la vida que quieras hacer. Ni más ni menos. Y estoy convencido de que, aplicando lo que vas a leer acá, vas a lograrlo.

No se trata de un libro mágico, sino de pasos concretos, como si fuera un mapa, que van a guiarte para que puedas llegar a destino.

¿Cómo fue construyéndose esta causa?

Siempre fui una persona bastante tímida y a su vez reflexiva (en el sentido de ser más el que escucha que el que habla, lo cual también me hizo entrar en un círculo en el que estaba más hacia adentro que para afuera). Por otra parte, ser el menor de tres hermanos varones hizo (no necesariamente es así, pero este fue mi caso) que mi voz estuviera relegada a la palabra de los "mayores"; es decir, menos autorizada y pendiente de la aprobación de los otros.

Resumido, muy resumido, pero no por ello menos cierto, ese es el escenario que fue construyendo el contexto, en el que dar esos pasos diarios, cotidianos, los que te quitan el atragantamiento, fueron haciéndose cada vez más difíciles hasta formar una barrera, un límite, que hizo que desde temprano me diera cuenta de que iba a ser un obstáculo contra el cual tendría que luchar. Una lucha contra esas voces de *¿A vos quién te dijo que podés?, vos no estás para eso, ¿vos quién sos para hacerlo?*, que siempre me acompañaron.

Es por eso que este libro es también un cierre simbólico a esa etapa. Pero así como los adictos (a lo que sea) viven en permanente estado de rehabilitación, aun a pesar de ya estar rehabilitados, en mi caso estas voces que quieren frenarme siempre son algo a lo que estoy atento para tenerlas bajo control.

De ahí que sea una guía para quien lo lea, como también lo es para mí desde hace ya un tiempo.

Entonces puedo decir que está escrito por alguien experto en vivir atragantado. Con lo cual, más allá de toda la información y recursos que vayamos a ver, es un testimonio: mi testimonio de cómo una persona pudo "rehabilitarse" del atragantamiento para empezar a vivir la vida que quería.

Ahora, ¿de qué manera empecé a trabajar este proceso de desatragantamiento como si fuera un proceso de purificación? Bueno les cuento brevemente el recorrido:

El primer evento importante en este proceso fue haber conocido el psicoanálisis gracias a mi papá. Y no por curiosidad ni por un interés intelectual, sino porque necesitaba y quería ayuda. ¿Qué ayuda? Bueno esa es una de las grandes cuestiones del psicoanálisis (que ya vamos a ver más en profundidad en el último capítulo), que es ofrecerte la posibilidad de ir a buscar ayuda sin tener la menor idea de cuál es el problema o la ayuda que necesitás.

En el momento en que entré en ese consultorio (de Ana, mi primera psicoanalista por diez años) empecé a vomitar palabras e insatisfacción sin parar. Entré sin idea de qué era lo que me pasaba y, por sobre todas las cosas, no sabía cómo expresarlo y ponerlo en palabras. Pero al finalizar esa misma primera sesión entendí qué era lo que me había llevado:

Estaba trabado, angustiado, cercado en todas las direcciones hacia donde quería ir, estaba ATRAGANTADO. Muchos de los caminos que quería recorrer me daban miedo y, como respuesta, tuve que construir una imagen (una armadura, mejor dicho) que impidiera mostrar esos miedos, mis inhibiciones y quién era, ya que manifestar esa parte me representaban un conflicto y una contradicción interna que no estaba en condiciones de soportar. Claramente sucedió que, con el paso del tiempo y el acumulado de caminos sin recorrer, esa armadura empezó a fracasar en su función de protegerme, ya que el nivel de insatisfacción y atragantamiento me produjo tal angustia que dejó de ser funcional en mi vida.

En aquel momento tenía diecinueve años y ocurrió que algo de esa imagen que mantenía empezó a tener las fisuras suficientes que me permitieron pedir ayuda de una buena vez. Como les decía, ya vamos a hablar más adelante del psicoanálisis, pero puedo decir algunas cosas acerca de ese inicio:

» Algunos creen que el psicoanálisis es un proceso largo y que, por más que pueda llegar a ser útil, los resultados se van a ver en años. Mi experiencia fue que en esa primera sesión me quité de encima kilos de carga por años de acumular atragantamientos sin entender ni siquiera qué era eso lo que me estaba pesando.

» La segunda sensación fue: ¿por qué no empecé antes? ¿Por qué dejé pasar años de mi vida en un estado que no quería? Pero bueno, como de todo "fracaso" o situación de frustración se aprende, acá aprendí dos lecciones que nunca más abandoné: la primera fue entender que pedir ayuda fortalece, nunca debilita. Y la segunda, que ocultar síntomas de infelicidad o insatisfacción no hace que estos desaparezcan sino que los eterniza. Es por eso que la prioridad siempre es entender qué está pasando por adentro.

> **Nunca tiene que ser una prioridad sentirse fuerte (y buscar tapar síntomas de infelicidad o insatisfacción). La prioridad es comprender exactamente qué está pasando en nuestro interior.**

» Y, por último, un efecto poderoso del psicoanálisis fue el de instalar la creencia de que siempre es posible destrabar eso que nos tiene atragantados. Podemos no haberlo solucionado aún, pero ya el hecho de saber que sí es posible genera el sentimiento de libertad que buscamos.

En definitiva, sin dudas el psicoanálisis cambió mi vida y me permitió darle un rumbo totalmente diferente al que venía teniendo desde chico. Puedo decir que fue mi primer y gran descubrimiento en pos de trabajar mis atragantamientos.

Desde aquel entonces pasaron ya más de veinte años. Sucedieron muchas cosas, cambios, eventos importantes, pero más allá de todo eso hubo puntualmente otra circunstancia, un segundo momento que representó un nuevo quiebre, un cambio fuerte y repentino de rumbo.

¿De qué se trata? En el 2013, luego de algunos años sin mayores avances, me sentía totalmente estancado y vacío respecto a mis proyectos. Perdido en cuanto al camino que me acercara al tipo de vida que deseaba. Estaba trabajando hacía ocho años como empleado público para tener mi fuente de ingreso y, fuera de horario, atendía algunos pocos pacientes. No había algo MAL en sí mismo en lo que hacía, pero tampoco había un plan, un rumbo o algo que tuviera realmente que ver conmigo. Estar ocho horas sentado, cumpliendo un horario para que me dieran un sueldo, no era mi sueño a los treinta y dos años. Pero con todo el dolor del alma descubrí en aquel momento que tampoco era mi sueño renunciar a mi empleo para estar todo el día y exclusivamente en un consultorio atendiendo pacientes, como había imaginado antes. Entonces sufrí el duelo de tener que reconocerme a mí mismo que ese sueño, el que había tenido tanto tiempo mientras estudiaba psicología, ya no estaba vigente. En ese contexto de frustración e insatisfacción un amigo me invitó a empezar con él un negocio que combinaba todo lo que necesitaba: lograr expresar y satisfacer mis distintos intereses sin acartonarme en un determinado perfil. ¿Y qué era eso que buscaba?

» Un entorno de mentores que fueran guiándome e inspirándome para avanzar.

» Una nueva filosofía de vida en la que se premiara el "fracaso", si dicho fracaso era fruto de INTENTAR dar aquellos pasos que habitualmente no nos animamos a dar.

» Y, por sobre todas las cosas, como decía antes, algo que me ayudara a DESACARTONARME y sentirme en libertad en el camino que quisiera.

¿Cuáles fueron algunas consecuencias de esta experiencia a la que me dedico en la actualidad?

» Entender la importancia de una buena actitud ante la vida.

» Empezar a cumplir sueños postergados, como escribir este libro gracias a la influencia de tantos mentores.

» Permitirme y habilitarme a mí mismo para hacer lo que quiero.

¿Qué influencia tuvo el negocio en este proceso de desatragantamiento?

Trabajar en dirección directa hacia todos los fantasmas que me contracturaban:

» La opinión de los demás.

» El pánico a vender(me).

» El miedo a accionar por miedo al rechazo y el fracaso.

Estos dos procesos, empezar psicoanálisis y emprender, fueron sin duda los elementos más influyentes y determinantes en mi crecimiento y desatragantamiento.

Publicar este libro representa un gran paso en este proceso de vencer voces de freno, de desaprobación; miedos que hicieron que me detuviera siempre antes de concretarlo. Y llego a mis cuarenta, lo cual le agrega un condimento adicional al mensaje que quiero transmitir: siempre estás a tiempo de empezar. Todos podemos hacerlo. Y por sobre todas las cosas: siempre va a valer la pena.

Entonces, el primer paso va a ser RECONCILIARSE con uno mismo:

» No sos un inútil.

» No sos un fracaso.

» No sos una causa perdida.

» Lo que no hiciste hasta ahora no significa que no vayas a hacerlo.

Lo que te pasó hasta hoy es que no encontraste los recursos suficientes para habilitar los caminos y tener la vida que querés.

¿Y qué es tener una buena vida?

Tony Robbins, un famoso autor de desarrollo personal, dice que la felicidad está en el progreso: si vos te proponés progresar día a día, vas a ser feliz. Y aunque a simple vista esto parezca correcto y se cumpla en muchas situaciones (cuando avanzamos o logramos algo la sensación de euforia que nos provoca nos hace pensar que ese es el camino de la felicidad), la realidad es que vemos mucha gente, con grandes logros y obviamente con grandes progresos diarios, que no necesariamente tiene una gran vida en términos de felicidad. Es decir, el progreso como señal de estar logrando algún tipo de éxito, no es lo que provoca en sí mismo una buena vida. Puede generar chispas de euforia y placer, pero no necesariamente una buena vida.

¿Cuántas personas logran algo y al instante necesitan algo más porque ya están insatisfechos? Con lo cual los logros se transforman en una adicción, en una droga de efecto cada vez más efímero e insatisfactorio. Y, a pesar de que algunos creen que adquirir ese tipo de adicción es positivo porque aparece como una conducta productiva y no destructiva, lo cierto es que pueden (en el mejor de los casos) producir algún tipo de resultado, pero la mayoría de las veces solo generan frustración y, en la totalidad de los casos, una vida de insatisfacción.

Podemos pensar como puntos la vida enfocada en los logros.

Vida sostenida en logros

- -   -   -   -   -   -   -   -   -   -   -

Cada punto representa un logro y, mientras no haya en ese instante uno, no hay nada. Esa "nada" es lo que genera insatisfacción, frustración y ansiedad: la de *quiero más, necesito más, porque mientras no tengo más no soy nada.* Podemos verlo en deportistas que, aun siendo geniales, quedan vacíos, una vez que se retiran, si su vida estaba apoyada solo en sus logros.

Una vida sostenida únicamente en ellos es NECESARIAMENTE DISCONTINUA.

Entonces, lo que genera plenitud, no son los logros sino tener habilitados los caminos. Los cuales, por distintos motivos, muchas veces aparecen bloqueados.

La libertad de poder acceder a ellos (hacer lo que quiero hacer, estar con quien quiero estar, dedicarme a lo que quiero dedicarme y, principalmente, DISPONER de los caminos que quiera disponer) es lo que va a darme una vida de plenitud.

Lo que no registran quienes no están como desean es que no es un éxito más lo que necesitan, sino más bien habilitar caminos que claramente hoy no les aparecen a disposición.

Hacer lo que quiero NO ES hacer cualquier cosa

Habilitar lo que deseo no significa hacer cualquier cosa (más allá de que sabemos que eso puede generar ciertos chispazos de plenitud). Habilitarlos consiste, precisamente, en NO hacer "cualquier cosa", sino más bien en hacer lo que **quiero hacer**. Y entre ambas posibilidades hay una gran diferencia.

Existe la tentación de interpretar el "hacer y decir lo que quiero" como sinónimo de convertirse en una persona impulsiva, que no se contiene en nada, que dice y hace lo primero que se le viene a la cabeza sin pasar por un proceso de reflexión ni medir consecuencias. Como si acaso eso fuera la fórmula para desatragantarse.

No es **lo primero que me viene a la mente** lo que voy a realizar o decir. Es por eso que lo que vamos a ver es cómo CONOCERNOS y entendernos a fin de esclarecer qué nos hace sentir bien para vivir acorde a lo que queremos. Y, por otra parte, además de conocernos, adquirir herramientas para manejarnos de la manera más efectiva posible a fin de lograr nuestras metas.

¿Prestaste atención a cómo es la dinámica y el formato de la mayoría de los programas actuales de más consumo en la tele o la radio?

Son programas en los que abunda el conflicto, el debate; el contestar rápido, fuerte, en la cara, "de frente", con diálogos picantes.

¿Y por qué creés que venden tanto y son lo que más se consumen? ¿Te pusiste a pensar en eso? A veces ni lo hacemos por lo obvia que parece la respuesta: "Y, a la gente le gustan los conflictos y el chusmerío". Sí, es cierto, pero hay algo más de fondo que genera un imán irresistible. Y es que en esos programas lo que se ve es a los **superhéroes actuales, los superhéroes del DESATRAGANTA-MIENTO**. Serían los justicieros actuales. Los que no se atragantan con nada, los que dicen todo lo que uno sueña contestar ante una situación semejante, con comentarios que, de haberlos hecho en el colegio, tenían como eco y repercusión el clásico "Uhhhhhhh…".

Es decir, son programas que a veces nos sorprenden porque no brindan demasiado contenido pero, aun así, tienen la capacidad de dejarnos hipnotizados, consumiéndolos por horas, meses, años. Entonces, ¿qué es lo que tienen? ¿Dónde está su droga? Su secreto está en que funcionan como un sueño en el que el espectador cumple su deseo a través de los protagonistas: el de no quedarse atragantado.

Pero, como toda droga, presenta también un gran problema: el de hacernos creer que la solución está ahí. Es decir, pretender que ese es el norte correcto y que, en este caso, estamos ante el modelo ideal de personalidad y conducta para no quedar atragantados; pero esto es falso. De hecho, a lo último que apunta este libro es a formar personas para ir a pelear y tener la facilidad de contestar cualquier cosa sin guardarse nada. Guardarse comentarios, dejar pasar situaciones sin responder no es sinónimo de atragantarse.

> **Guardarse comentarios, dejar pasar situaciones sin responder no es sinónimo de atragantarse.**

Una forma sencilla de convencerte de que ese no es el norte correcto es pensar en cuánta gente contestataria conocés que tiene la capacidad de entrar en conflictos sin problema, rápido y con frecuencia. Seguramente muchas. Y acaso, ¿tienen la vida que quieren? Por lo general son personas que viven inmersas en un mundo de conflictos y tensión. Entonces, lo que tenemos que entender es que lo que nos tiene atragantados, y necesitamos habilitar, no son las peleas, sino los caminos de lo que queremos decir o hacer.

> Lo que nos tiene atragantados, y necesitamos habilitar, no son las peleas, sino los caminos hacia lo que queremos decir o hacer.

Pero hay una razón por la cual se conectan tan fácilmente las ideas de desinhibirse y pelear: la fantasía de que *haciendo lo que quiera me pelearía con todos*. Su origen es muy sencillo: la acumulación de atragantamientos que genera ira y sed de VENGANZA. Esta ira nos enfoca tanto en esos escenarios de conflicto que nos hace creer que es AHÍ en donde van a resolverse mis problemas, ya que es ahí donde supuestamente se concentran todos mis atragantamientos. **Pero es falso**. Los atragantamientos son anteriores a esas situaciones de conflicto. NO es cierto que necesite afilarme para contestar fuerte y "ponerle los puntos" a mi compañera de trabajo, o que necesite saber pelear para que, cuando me encierren con el auto, pueda bajar y pegarle al chofer del colectivo. El origen del problema es anterior, y es ahí donde tenemos que abordar el tema. Si no estamos atragantados, la causa inicial del problema está resuelta.

De hecho, ahí también encontramos el origen de las famosas GRIE-TAS: la defensa de grandes CAUSAS que en verdad son formas de descarga de la ira que genera esa acumulación diaria y constante de atragantamientos personales disfrazados detrás de causas sociales y/o generales. De hecho, es por eso que tienen tanta fuerza, energía e ira: son cuestiones personales. Y vemos esto tanto en temas de fútbol, política, religión o causas sociales.

Sentirse con muchas ganas de contestar y pelear no es síntoma de que no estamos sabiendo responder a esas posibles peleas, es señal de que nos tienen atragantados varias cosas y, desde ya, totalmente desenfocadas de lo que queremos.

Llevar una vida "de LOCAL"

Otra forma de entender este concepto de tener los caminos habilitados es el de llevar una vida de "local".

En el deporte, jugar de local significa jugar en tu propia cancha o estadio. Y de "visitante", cuando lo hacés en la de tu rival. Y lógicamente todos los equipos prefieren jugar de local por el hecho de que ya conocen el terreno, el ambiente, el contexto, ya sea de gente o de clima.

Cuando uno juega de local generalmente se siente más cómodo, más relajado, confiado, con menos situaciones a descubrir o por las cuales estar atento; por lo tanto, puede actuar más acorde a su versión liberada. Eso es plenitud.

Ahora, nuevamente, jugar de local en distintos ámbitos no significa hacer cualquier cosa, no es comportarme en casa ajena abriendo la heladera, caminando descalzo y dejando la ropa tirada en el piso. Jugar de local en distintos ámbitos (o, en su ideal, en todos) significa comportarme acorde a como soy. Ni más ni menos. Si soy el tranquilo de la fiesta, ese comportamiento va a convertirse en mi versión liberada. Una versión "atragantada" sería exigirme a hacerlo de un modo diferente.

Veamos en algunos ejemplos sencillos, cotidianos:

Pensemos en una persona que está mal con su pareja. Se encuentra totalmente apagada, frustrada y malhumorada con su vida. Ante la consulta de por qué no se separa aparece que eso es "imposible" por múltiples motivos. Claro que ese imposible no tiene sentido, pues se trata de distintas cuestiones internas que fueron bloqueando el paso por ese camino.

Ahora supongamos que esa persona empieza a hacer terapia y a desarmar ese "imposible". Una vez que le aparece disponible la opción de separarse, quizás no solo no se separa, sino que su pareja vuelve a funcionar mejor que nunca. ¿Qué pasó? ¿Está "histeriqueando"? No, justamente lo que la estaba apagando eran los caminos bloqueados; en este caso, el de la separación. Y es el mismo movimiento de DISPONER de ese camino lo que cambió toda su situación.

Vamos con otro ejemplo:

Supongamos que tenés PÁNICO a una situación o venís postergando una determinada decisión hasta que finalmente la afrontás. Sin importar el resultado, el ACTO mismo de animarte cambió toda tu realidad. Tu confianza, tu seguridad y tu autoestima.

Vemos cómo en ambos casos, en uno actuando y en el otro no, igual se habilitan los caminos, siendo esa misma **habilitación** lo que genera plenitud.

> No necesariamente son los grandes éxitos los que te dan una vida de plenitud, sino tener HABILITADOS los caminos.

¿Y por qué no están habilitados o permitidos ciertos caminos? Por muchos motivos: por miedos, desconocimiento acerca del modo para hacerlo y, en otros casos, porque ni siquiera sabemos qué es lo que no está habilitado (para eso sirve el psicoanálisis y ya vamos a desarrollarlo); es decir que muchas veces ni siquiera sabemos por qué estamos mal.

Dicho esto, ya queda claro cuál podría ser uno de los principales objetivos de la vida:

La búsqueda para habilitar todos nuestros caminos bloqueados.

Uno de los principales objetivos de la vida: la búsqueda para habilitar todos nuestros caminos bloqueados.

Por qué no progresamos

Para progresar y mejorar no hacen falta tantos misteriosos y escurridizos secretos. Sino, simplemente, seguir algunas pistas básicas.

Hay un famoso autor de desarrollo personal, Jim Rohn, que dice que el éxito (es decir, lograr nuestros objetivos) es simple: como ya dije, solo consiste en seguir una serie de pasos también simples.

Por ejemplo, si querés estar bien físicamente es sencillo: hay que hacer treinta minutos diarios de actividad física y llevar una alimentación saludable y balanceada. Ahora bien, si es tan sencillo, ¿por qué no todo el mundo logra lo que quiere? *Son cosas simples de hacer. Pero todas las cosas simples de hacer son también simples de NO hacer.* Y ahí cierra el debate de por qué unos lo logran y otros no. Pero no vamos a quedarnos en el "si no lo lograste es porque no tuviste la disciplina de hacerlo" (algo así como: "si no lo hiciste, allá vos"), sino que vamos a entender por qué esas cuestiones aparentemente simples nos están frenando.

Una de las características principales de estos frenos es que generalmente están disfrazados de intrascendentes. Por esta razón es que no se les presta mayor importancia, pero luego tienen el poder de detener algo que podría haber sido relevante y decisivo.

Es difícil pensar los pequeños miedos cotidianos como algo profundo y transcendente. De hecho a veces ni nos animamos a calificarlos como "miedos", porque ya suena exagerado y grande; pero lo son.

Supongamos que nos gusta una chica, y dudamos de ir a hablarle y, encima, el miedo a las burlas nos convence de no hacerlo. No sé si podemos decir que se trata de algo grave o importante. Pero si la consecuencia de esta burla es esa vergüenza y evitar que nos acerquemos, el resultado final tal vez sí sea relevante. ¿Qué tal si se trataba del amor de nuestra vida y eso hizo que la perdiéramos? ¿O qué tal si esa omisión termina convirtiéndose en un hábito y baja tu autoestima y seguridad, y esa baja se traslada a tu trabajo?

Tal vez suene excesivamente dramático pero así es como tenemos que empezar a tratar estas situaciones. Con la gravedad suficiente como para que comencemos a encender las alarmas a tiempo. Claro que un solo cigarrillo no va a matarte, pero es importante encender la alarma con uno solo. Es decir, situaciones aparentemente pequeñas que son las que luego son capaces de detener algo grande y trascendente en tu vida.

Entonces vamos primero a sacar de la oscuridad y de esa supuesta intrascendencia todos esos puntos que nos frenaron y nos frenan. Y luego veremos las distintas estrategias y pasos para superarlos con éxito.

En cierta forma podemos decir que **no se trata tanto de avanzar, sino de destrabar.** En términos automovilísticos, no vamos a hablar de cómo apretar el acelerador, sino de algo más básico y obviado en la mayoría de los libros de desarrollo personal y autoayuda: cómo sacar el freno de mano. **No se trata tanto de avanzar, sino de destrabar. No vamos a hablar de cómo apretar el acelerador, sino de cómo sacar el freno de mano.**

La mayoría de los textos y seminarios de autoayuda apuntan a la motivación, a energizar, a persuadirnos de por qué es importante avanzar. Pero creo que la mayoría de nosotros entiende por qué está bien avanzar. Aunque, en definitiva, no lo hace. Y eso tiene que ver con que si pensamos que en nuestra cabeza tenemos una junta de socios con diferentes opiniones, el que quiere avanzar es un socio minoritario. Es decir, no se trata de que el que quiere avanzar no está convencido de hacerlo, sino de que hay muchos que NO quieren. Y ahí está el eje de todo: entender que en mi interior existen distintos intereses y que, coincidentemente, los socios más poderosos están en contra del avance que pretendo.

Y acá aparece una de las premisas básicas de las que hay que partir: el mayor problema de las personas no radica tanto en su falta de motivación, habilidades, conocimientos o fuerza para avanzar, sino en que existen otras **fuerzas internas, otros intereses** que luchan por diferentes prioridades. Es de esas de las que vamos a hablar.

El mayor problema de las personas no radica en la falta de motivación o habilidades para avanzar, sino en tener intereses internos diferentes a los que creen conscientemente.
En síntesis, contra la creencia popular, para tener la vida que quiero, no es importante "conquistar el mundo". Lo que sí es importante es que conquistemos aquellas cosas que, en algún lugar de nuestro interior, creemos que somos capaces de lograr.

Para que se entienda: nadie sufre por no volar. Ya sabemos que no podemos hacerlo y ese duelo estaría resuelto. No puedo volar y punto. No ando llorando toda mi vida frustrado por no tener alas.

Pero **lo que sí tiene el poder de hacernos sufrir es aquello que sentimos que SÍ podría ser nuestro.**

De hecho, así es como se establecen buenas metas, con objetivos alcanzables, de forma tal que estemos con la energía y motivación suficientes para luchar por ellos. Porque aquello que aparece totalmente fuera de nuestro alcance no nos genera nada. Ni motivación, ni angustia, ni frustración. Resulta intrascendente.

¿Y cuáles son aquellas cosas que podrían estar a nuestro alcance y hacernos sufrir por no avanzar hacia ellas?

La lista es tan larga como personas y deseos posibles. Pero algunos clásicos son:

> » No levantar la mano en clase para preguntar algo que no entendimos.

> » Irnos de una reunión laboral en la cual podríamos haber intervenido y no lo hicimos.

> » No postularnos para ese puesto que estaba disponible porque "¿quién soy yo para creerme merecedor de ello?"

> » Tener un potencial cliente valioso y no animarnos a llamarlo.

> » Dejar de estudiar una carrera o emprender un proyecto que quiero porque *ya soy grande para eso*.

Ante una lista así la impotencia y frustración puede ser muy grande, ya que se trata de situaciones en las que había que dar un PASO AL FRENTE, PODÍAMOS darlo y… no lo hicimos. Así de sencilla es la fórmula para tirar una vida por la borda. Nuevamente, ESTO es lo que nos hace sufrir; no el hecho de no ser los *dueños del mundo*.

> No son las grandes hazañas perdidas las que nos
> frustran, sino el cúmulo de pequeñas batallas
> internas en las que estas voces
> nos convencieron de
> no dar el paso.

Recopilando nuestra historia vamos a encontrar un CÚMULO de esos **no pasos** que nos llevaron, ni más ni menos, que al lugar en donde estamos hoy. Un lugar que no coincide con el que deseábamos, muy lejos de las expectativas iniciales.

En los libros de autoayuda suele haber muchos ejercicios. En este no, solo uno: a partir de ahora tratemos de revisar y recopilar todos aquellos momentos en los que nos frenamos para anotarlos y registrarlos.

¿Y qué pasa si no sé por dónde buscar?

Supongamos un ejemplo: estás encerrado en un lugar sin ventanas y empieza a entrar gente con paraguas, todos mojados. Aun sin mirar afuera ya sabés lo que está pasando: llueve.

Hay muchas situaciones en las cuales no podemos ver con qué nos estamos atragantando, qué decisiones dejamos de tomar, hacer o decir. Para todas ellas tenemos una pista: cómo nos sentimos. Ese paraguas mojado es la sensación de estar atragantado. Tal vez no sabemos qué es lo que lo provocó, pero sí que ahí hay algo.

¿Y cómo resolverlas? Primero que nada, empezando a detectarlas y tenerlas más en observación.

Por si todavía no quedó 100% claro el mensaje:

Todo esfuerzo de tiempo, plata y energía que hagamos para dar los pasos que nos tienen detenidos y atragantados VALE LA PENA.

Dicho de otro modo, no existe prioridad más importante a resolver que esta. Así que toda acción, tiempo y recurso orientados a habilitar estos pasos están bien invertidos.

¿A dónde nos va a llevar todo esto?

A tener una vida plena, de libertad por un lado. Y a conseguir mucho más de lo que podríamos haber soñado de otro modo.

¿Ya conseguiste lo que tenías que lograr? El tortuoso mito del potencial.

¿Alguna vez escuchaste que el objetivo de la vida plena es desarrollar todo tu potencial? Bien. ¿Eso te relajó y te dio paz? Claro que no. A nadie. Menos cuando ves que la distancia que hay entre lo que soñaste de chico y lo que conseguiste hasta hoy es cada vez mayor.

Por otra parte la imagen tradicional del potencial no solo no sirve sino que, encima, nos juega en contra por tener una carga negativa. ¿Cuál es la importancia de hacer un pronóstico sobre lo que va a pasar en nuestra vida? ¿Está bueno planificar? ¿Sirve? Claro que sí. Así como un técnico, antes del partido, planifica. Pero, ¿es importante que el técnico haga un pronóstico sobre cómo va a ser el resultado del partido? Claro que no.

Además, ¿qué capacidad real tenemos de hacer un pronóstico certero? Sería básicamente jugar a las apuestas sobre nuestro futuro. Podemos hasta acertar pero ¿de qué nos sirve realmente hacerlo?

¿Cuál es tu potencial?

Entonces, definir cuál es tu potencial en los términos tradicionales no solo es complejo sino que además es inútil. Pero hay otra mirada, útil y productiva, sobre el potencial que sí podemos tener.

Te cuento mi visión del potencial: es aquel que, una vez alcanzado, te va a hacer una vida más linda, plena y liberadora.

¿Y eso qué es? ¿Pasear por la calle desnudo? ¿Ponerte a cantar en el medio de una clase? ¿Decirle cualquier barbaridad a alguien? No. Dudo que sea eso lo que está separándote de lo que querés tener. Eso es hacer CUALQUIER COSA, no lo que realmente querés.

Entonces me preguntás por el potencial: ESE es tu potencial. **Avanzar hacia donde querés**. *¿Pero si me equivoco o arrepiento de hacia dónde avanzo?* Eso no tiene nada que ver. Eso ya se relaciona con lograr las metas y si realmente te gustan dichas metas. Acá hablamos de la acción de avanzar hacia donde nos surge avanzar.

> **¿Cuál es tu potencial? ¿Un determinado éxito o logro? No. Tu potencial es tu versión liberada.**

¿Escuchaste hablar de la claustrofobia? No tiene que ver con que NECESITES usar mucho espacio sino con la necesidad de DISPONER de él. Tal vez no necesites, ni uses mucho espacio a la hora de dormir. Pero si te meto a dormir en un cajón, lo más probable es que pases la peor noche de tu vida. Entonces, no se trata tanto de usar, sino de tener a disposición. Por eso lo que necesitás no es necesariamente recorrer todos esos caminos, pero sí DISPONER de la posibilidad de elegirlos y recorrerlos. La posibilidad de elegir es lo que te da LIBERTAD.

> **Lo que necesitás no es necesariamente recorrer todos los caminos, pero sí DISPONER de la posibilidad de elegirlos y recorrerlos.**

Recuerdo que un profesor de karate decía que, cuando quedaba expuesto a una situación de violencia por la calle, su método para no involucrarse era el siguiente: visualizaba en el momento todo lo que podía llegar a hacerle a la otra persona, desde quebrarle algún hueso hasta matarlo. Esa imagen mental le generaba un rechazo tal que ELEGÍA no llevarla a cabo. Es decir, lo que hacía era **habilitar** un camino (*sí, puedo intervenir, pero no es lo que quiero*), y con eso era suficiente para no quedar atragantado.

Entonces, dejá de torturarte sobre cuán cerca o lejos estás de jugar en primera, convertirte en una estrella, volverte millonario, triunfar en tu emprendimiento, lograr ese ascenso en tu trabajo, o ser reconocido mundialmente. Porque no es esa la causa de tu estado de insatisfacción.

¿Pero qué pasa con los logros que quiero más allá de sentirme bien y en estado de plenitud?

En términos de resultados vas a estar mucho más cerca de conseguir esos logros al entrar en un estado de liberación y acción que si seguís "atado" y atragantado.

Esto no significa que no tengas que hacer nada para alcanzar este potencial ni anular tu ambición. Esto no se trata de *relajate que sin-*

tiéndote bien todo va a venir, dejá que fluya. Esta liberación o desinhibición tiene que ver con la habilitación a actuar. Y es justamente ese accionar el que nos trae los resultados. Entonces, la búsqueda es hacia la desinhibición y AUTORIZACIÓN de uno mismo. ¿Cómo se logra esto? Con información, práctica y acción.

Recomendaciones para entrenar la desinhibición

- » Aprender a autoavalarme.
- » Practicar el hábito de dar pasos que nos generan miedo.
- » Practicar el hábito de tomar decisiones.
- » Tener un entorno de personas que también den el paso.

Las autotrampas a la desinhibición y seguridad:

Mi problema no es estar atragantado, soy súper desinhibido.

Hay personas que se la pasan haciendo chistes, teniendo respuestas rápidas, graciosas, inteligentes, que logran de ese modo APARENTAR QUE TIENEN RESUELTO el hecho de animarse a todo. Tienen la cáscara del desinhibido, pero aun así llevan vidas totalmente atragantadas, infelices, de insatisfacción. ¿Cómo se explica?

Aclaro que esto lo sé no solo por haberlo visto en muchos casos sino principalmente por haberlo padecido en persona.

Entonces, veamos:

Para entenderlo hay que tener presente que "vencer" la timidez no es necesariamente desatragantarse. Desatragantarse tiene que ver con algo interno. Vencer la timidez tiene más que ver con cuestiones externas como trucos o recursos para superar una determinada situación. Puede ir desde tomarse una cerveza para animarse a hacer algo que nos cuesta hasta hacer ejercicios de respiración, postura o elevar el tono de voz para sobreponerse a algo que sentimos que no vamos a poder afrontar en estado de "sobriedad".

Mostrarse con actitudes propias de alguien aparentemente no tímido viene de un intento defensivo de no mostrar dicha inhibición y transmitir a los demás lo atractivo de no sentirse intimidado para avanzar hacia algo. Pero, ¿cuál es la trampa? Que en estas actitudes siempre se trata de pasos en los cuales no está en juego lo que realmente se quiere hacer o habilitar.

Estos recursos son un engaño para los demás, pero la principal víctima es uno mismo. Porque lo único que hacen es ocultar el diagnóstico de por qué uno no avanza o no tiene la vida que quiere: *Si tengo condiciones, tengo potencial y estoy haciendo las cosas bien, ¿por qué no alcanzo los resultados que deseo?* Esta es una expresión típica de un atragantado; alguien que quiere, siente que puede, pero que, aún así, está estancado.

Otra forma de aparentar desinhibición desatragantada es mostrarse con una actitud relajada, libre de presión. Yo soy una persona a la que le gusta hacer chistes y que principalmente busca desdramatizar, relajar los ambientes. Pero OJO. Para todos aquellos a quienes les ocurre también algo por el estilo, hay que tener presente que hacer chistes o mostrarnos irónicos/sarcásticos, no está mal que continuemos haciéndolo, siempre y cuando nos hayamos demostrado primero (a nosotros mismos sobre todo) que igual estamos tomándonos el tema (trabajo, situación, lo que sea) con seriedad y compromiso. Es decir que no usamos ese humor para desviarnos del punto hacia donde está nuestro objetivo.

Una de las consecuencias de no tener habilitados mis propios caminos: ir por el camino de otros

"Si no trabajás por tus sueños, alguien va a contratarte para que trabajes por los de ellos".

Steve Jobs

Como decíamos, una de las grandes causas por las cuales nos atragantamos es no poder avanzar a través de nuestros propios caminos, con la consecuencia de terminar en los de otros o al menos "en oferta", disponibles para sumarnos al primero que se nos presente. Y esto sucede, en definitiva, por no tener mucha noción de dónde están verdaderamente los nuestros; entonces participamos de proyectos que nada tienen que ver con nosotros; o adquirimos pequeñas conductas, estilos de vida que imitamos de otros sin siquiera saber para qué.

Son momentos en los cuales podemos decir que estamos perdidos: no sabemos lo que queremos, sabemos lo que queremos pero nos da miedo, o directamente se nos genera una confusión acerca de quiénes somos. Lo cual deriva en un combo explosivo de insatisfacción, frustración y bronca. *¿Por qué estoy acá? No me gusta, no soy bueno para esto, no me siento cómodo ni tiene que ver con mi personalidad. ¿Quién me mandó?*

¿Querés saber quién te mandó? La imposibilidad de acceder a tus propios caminos generando, por lo tanto, un efecto de represa que desborda y abre alternativas: pero no las tuyas, no las que buscabas, no las que querías. Para luego, una vez ahí, en espacios ajenos, encontrarte indefectiblemente dentro del infeliz mundo de las comparaciones.

Se dice muy a la ligera *No te compares con otros,* cuando es algo mucho más complicado de lo que parece y, además, ni siquiera suele tener su causa en el "mirar al vecino" sino más bien en la estructura y origen de la escena, que es **haber INGRESADO en el camino del otro**. Es decir que no tenemos que buscar la solución en ponernos anteojeras como caballos (que es la recomendación clásica).

Para tener una vida de plenitud y libertad necesitamos levantar la vista y mirar hacia donde queremos mirar. Entonces, ¿dónde debemos abordar el problema? En una instancia anterior, previa a tomar caminos que no son los nuestros.

Señales de que estoy en el camino de otro

- **Critico todo**

No creo ni me gusta esa cultura de moda positiva fundamentalista en donde hay que forzarse a pensar que todo es fantástico y maravilloso, como si acaso esa fuera la receta de la felicidad (cuando en verdad esto nos lleva más a **ocultar** todo lo que no nos gusta y a tapar los síntomas de lo que nos gustaría mejorar o cambiar, que a tener una buena vida). Es por eso que me parece perfecto que cada uno pueda criticar todo lo que no le gusta o no quiera para sí mismo. Eso no es negativo, por el contrario, es sano y señal de que uno es un ser vivo, consciente, que puede discriminar lo que quiere y lo que no en su cotidianeidad.

Ahora bien, el tema es cuando aparece de manera continua la crítica. Si TODO es material de crítica, si TODO me parece mal, por sentido común ya puedo pensar que no tiene tanto que ver con que eso que critico no sea acorde a mi estilo, gusto o criterio, sino que es señal de otra cosa. ¿Señal de que soy muy criticón? No. Esa es una observación para los fundamentalistas del optimismo. Es señal de que el camino por donde voy es incorrecto; más precisamente es señal de que voy por un camino que no me es propio; por ende no importa lo maravilloso que sea, el resultado de insatisfacción va a ser siempre el mismo. Y no porque *nada te venga bien*, sino porque hay otro problema, anterior, y es que el camino por el que vas no es el propio, el elegido por vos.

Es como si quisieras estar en tu casa, pero te llevaran a la de otro. Te dan de comer tu plato preferido, te ponen tu música ideal para cenar, te tratan de la mejor forma pero aun así... no te gusta nada y criticás todo. ¿Qué pasa? ¿Sos un criticón al que nada le viene bien a pesar de que te cumplen todos los gustos? NO, el problema es que querés estar en TU casa. No importa todo lo demás. Tu crítica continua se va a solucionar cuando estés donde realmente deseás: en tu casa. O, como venimos hablando, en TU CAMINO.

Entonces no se trata de eliminar los síntomas, como quien rompe el termómetro porque no le gusta la temperatura que le dio. Si es una señal recurrente, tomala y aprovechala para extraer información de vos mismo. Porque al momento de detectar que tus críticas son ya permanentes hay un diagnóstico bastante preciso: no estás yendo por donde querés ir.

- **Me siento viejo**

Pensamientos de muerte, pensamientos de que se pasa la vida y ya estamos viejos, nunca tienen que ver con las circunstancias "reales" sino con sentimientos internos. Es decir, si el problema realmente fuera la edad y la finitud, esto se agudizaría cada día más, porque estamos más cerca de ese final que el día anterior. Y no sucede así. Entonces, explicar o justificar estas sensaciones desde los hechos siempre es un error. Sentirse viejo no se relaciona con verse cambiado en el espejo, sino con estar llevando una vida equivocada. Sin proyectos, en donde hasta se puede visualizar el final, ya que la única forma de prever exactamente lo que se viene a futuro es ir por un lugar preestablecido, prefabricado y no uno hecho a la propia medida. Un espacio propio NECESARIAMENTE tiene que tener la libertad de poder elegir cambios de rumbo, de modo que es imposible visualizar el final.

- **Me subo a todos los rings**

Alguna vez escuché que necesitamos saber lo que no somos para saber lo que sí somos. Si sufrís de la tentación de aceptar todos los desafíos que la vida presenta, o ves cualquier situación como una invitación a "probarte" y ver cuán bueno sos allí, **es también señal de que no estás yendo por un camino propio.**

Algunos definen a estas personalidades de manera elogiosa y hasta cariñosa como "competitivas", pero no se trata en realidad de una característica virtuosa sino, más bien, confundida acerca de cuál puede ser su propio camino. Esto podemos trasladarlo a cualquier aspecto:

Así como nadie puede tener un horario de descanso si no tiene un horario de trabajo, nadie puede renunciar a sumarse a caminos "ajenos" si no sabe cuáles son los "suyos".

Esto forma parte del CONOCERSE. Cuando te conocés, tenés la seguridad de hacerte a un costado en lo que no sabés, en lo que no es lo tuyo y lo que no forma parte de tus objetivos sin la ansiedad de "estar perdiéndote de algo importante". Te lo dice alguien que se pasó muchos años sufriendo literalmente arriba de un ring de boxeo, creyendo que esa era la manera de alcanzar su propósito.

¿Cuál era la creencia detrás de esa elección? Que aprendiendo a pelear iba a lograr la seguridad y confianza en mí mismo para no quedar atragantado.

¿Y cómo surgió esta creencia? De haber entrado en la ruta de quienes valoran las peleas físicas como algo importante. Entonces, como varios *subían a ese ring* yo también "TENÍA QUE hacerlo" (aunque ese ring no tuviera nada que ver con mis habilidades y personalidad). Es por eso que la respuesta nunca va a estar en hacerse bueno y "aprobar" en CUALQUIER ring, porque en el mismo momento en que entramos en el camino de otros vamos a estar "compitiendo" en situaciones para las que probablemente no seamos buenos, pero aun siéndolo va a quedarnos una sensación de insatisfacción por no tratarse de algo propio.

Como decíamos, la respuesta está en revisar nuestros caminos e intentar entender por qué están inhabilitados y cómo habilitarlos. Ese es el trabajo, y no perfeccionar nuestras habilidades en la dirección que los mandatos nos quieren imponer.

- **Me siento inseguro y lleno de envidia**

La **inseguridad y la envidia** con bronca vienen de la suposición de que TENÉS que ser bueno o mejor que el otro en determinado rubro. Ahora, ¿qué te empuja a competir por algo que no es necesariamente lo tuyo? ¿Quién dijo que deberías ser mejor?

La inseguridad y la envidia no son nada más que un tipo de conexión con el otro dada por el hecho de ir por su camino. Pero que se entienda: hacer la misma carrera universitaria que otro, tener el mismo trabajo, el mismo gusto musical, ir al mismo gimnasio (o cualquier cosa que a priori nos haga pensar que eso explica el porqué de la comparación y la envidia), NO ES ESTAR EN EL CAMINO DEL OTRO. No es así de fácil como toman forma estos sentimientos de inseguridad e envidia. Lógicamente siempre vamos a hacer cosas parecidas a otros, ya que vivimos en sociedad. El problema radica en estar totalmente perdido acerca de lo que quiero, cómo soy y quién soy.

Beneficio de ir por el camino de otro. No hacerme cargo

Siempre nos hablan de no compararnos con otros como secreto de paz interior, confianza y felicidad. Ahora, ¿por qué no seguimos ese consejo? ¿Será que no creemos que esto sea realmente cierto o el problema es que es demasiado difícil?

En realidad lo que sucede es lo mismo que ocurre en la mayoría de nuestras decisiones o caminos de vida: los elegimos porque tienen un beneficio. Y en este caso, el beneficio de elegir el camino de otro es esquivar al "gran Cuco": el Cuco que representa asumir la responsabilidad por las decisiones que elegimos tomar.

¿Cuál es el Gran Cuco? Tener que asumir la responsabilidad por las decisiones que elegimos tomar.

Seguir un camino propio implica una responsabilidad: la de dar el aval de "es por acá"; es decir, ser uno mismo quien pone la firma en esa decisión. Y esto es algo que por lo general buscamos evitar a toda costa. Preferimos que sea otro quien "ponga la firma", que otro dé el aval acerca de cuál es el rumbo para liberarnos del sentimiento de responsabilidad. Pero claro, esto tiene su costo y trae su combo de consecuencias. La primera es la de ir por un lugar que no tiene que ver con uno mismo. Y la segunda es que, al entrar por el rumbo ajeno, es estructuralmente imposible evitar la comparación. Una vez que entramos, esta comparación es lógica y casi imposible de evitar. Pero sí podemos trabajar en la no comparación avalando el propio camino no como un arte imposible sino como algo natural. Y esto implica hacer el duelo por lo que no voy a ser. Decidir lo que voy a ser es, al mismo tiempo, decidir lo que no voy a ser.

> Ir por el propio camino lleva su dificultad y dolor:
> hacer el duelo por lo que no voy a ser.
> Decidir lo que voy a ser es decidir lo que
> NO voy a ser.

Cuando el mundo del crecimiento personal se torna tóxico

¡Vos podés ser lo que quieras!

Así como estar perdidos acerca del rumbo a seguir nos predispone a ir por los de otros, existen mensajes que favorecen esta confusión. Mensajes optimistas, motivacionales, que promueven la esperanza de que *Vos podés convertirte en lo que quieras, podés tener todo lo que quieras, solo es cuestión de proponértelo, decisión y disciplina.* Mensajes que ayudan a ampliar el universo de opciones y, desde ya, a marearnos.

Los mensajes de superación y crecimiento personal parecen a priori sanos por esta premisa de base de que *Todos podemos crecer*, y convertirnos en más de lo que somos.

Entonces, ¿dónde surgen los problemas y la parte tóxica?

Cuando el crecimiento (o mejor dicho la posibilidad de crecer) conlleva la expectativa de que uno puede lograr cualquier cosa que se proponga. Porque más allá de que esto se promueva como algo positivo, la idea de que puedo lograr cualquier cosa es una trampa que va en contra de la elaboración de los duelos personales: el duelo por lo que no soy y lo que no voy a ser. Eso no es ser conformista ni mediocre, sino el ejercicio más sano que uno pueda hacer.

Claro que con tantos mensajes teóricos acerca de lo importante de no resignarse, de no ser conformista, de pensar que es posible acceder a todo (o que esa al menos debería ser la actitud correcta), uno empieza a creer que ese es el norte. Y ahí viene la idea tóxica (y poco productiva) de ir detrás de cuanto se cruce o aparezca. *¡Yo podría ser cantante! ¿Y por qué no bailarín? ¡Veo que a mi amigo programador le va muy bien, sentado tranquilo, eso está bueno! Lo vi a Juan entrando al boliche y peleándose con todos, voy a aprender boxeo para transformarme en ese personaje poderoso...* y así continúa la lista.

Estos duelos personales son el norte correcto, saludable y por supuesto el que nos va a acercar a conocernos, tener una vida acorde y, contrariamente a los pronósticos de los promotores del *andá por todo*, también va a acercarnos a un mundo más productivo.

Entonces no se trata de ir por CUALQUIER camino, sino por aquellos que identificamos como propios. Y como parte de ese proceso de descubrimiento vamos a tener que hacer este complejo ejercicio de resumir habilidades, fortalezas y características, y elaborar duelos de lo que no vamos a ser.

¿Por qué complejo? Porque ya el acto de resumir hasta un simple texto cuando estudiamos es complejo pues consiste en decidir qué debemos o no eliminar.

Siempre este tipo de tarea es compleja. Tomar decisiones implica eliminar opciones. Imaginate si, encima, están en juego las habilidades y fortalezas para descartar caminos de vida. Mucho más aún. Pero es fundamental. Es fundamental que tires o regales la ropa que no usás. Y es fundamental que dejes de luchar por habilidades que no son tu fuerte, caminos que no tienen que ver con vos. Esto es una parte ESENCIAL del trabajo de conocerse. Nuevamente: no te subas a todos los rings que te cruces en la vida.

Podés hacerlo inicialmente como un ejercicio para conocer más cosas y conocerte (y ver cómo reaccionás, cómo te sentís, qué nivel de habilidad natural tenés ahí, etc.). Pero una vez explorado, lo peligroso es el mensaje de: *No importa cómo te fue, cómo te sentiste, ni qué habilidades tenés para esta área. Vos podés ser súper exitoso si te lo proponés*. Esto es frustrante por donde lo mires, pero por sobre todas las cosas es desfocalizante de aquellas áreas en donde SÍ podés concentrar tu energía para destacarte y, lo más importante: disfrutar de hacerlo.

Creo que hay tanta insistencia en el valor de la persistencia **a pesar de todo,** que se pierde de entender la "letra chica" de esa persistencia, que es que cada uno tiene que **analizar en DÓNDE va a**

aplicar esa persistencia. Ya que, si no, en nombre del mandato de la persistencia podemos vivir persiguiendo caminos totalmente ajenos a nosotros.

2- CONOCERME A MÍ MISMO

Conócete a ti mismo y conocerás a los dioses y al universo.

Oráculo de Delfos

Cómo ganar TU partido

Hay infinidad de revistas, libros, audios y videos con recetas sobre cómo hacer las cosas mejor, ser exitosos, estar satisfechos, plenos; en definitiva, sobre cómo tener una buena vida. Pero a la hora de ver los resultados, es como si todo ese material, todas esas recetas no existieran. Con lo cual se da una escena extraña, como si alguien estuviera a los gritos ofreciendo agua, y al lado hubiera un grupo de personas desesperadas de sed gritando: *¡Lo que daría por un vaso de agua! ¿Dónde podré conseguirlo?* Así estamos, a los gritos pidiendo respuestas y soluciones, a la vez que disponemos de sabidurías milenarias al alcance de la mano. Por eso, antes de seguir adelante intentando mejorar recetas y fórmulas para el éxito, sería interesante preguntarnos qué pasa con este desbalance entre problemas y soluciones. ¿Por qué tantas recetas y tan pocos resultados?

Y una de las razones que encontramos es de las más obvias: porque no las aplicamos, o no las seguimos al pie de la letra; con lo cual no tenemos los resultados esperados. Entonces viene la segunda pregunta: ¿y por qué no seguimos esas recetas? Que, en definitiva, termina siendo lo mismo que decir: ¿por qué no nos funcionan esas recetas?

La realidad señala que no es porque las recetas necesariamente no sean buenas, no es por ahí por donde hay que abordar el problema. El problema está en algo más básico que hace que todas sean falibles, aun las mejores, ideadas hasta por los mejores autores del mundo. ¿Cuál es esa razón? Que no están hechas a medida.

Llevándolo al mundo de la ropa: ni aun el mejor esmoquin de la mejor tienda del mundo puede calzarme mejor que uno hecho exactamente a mi medida. Entonces no tienen tanto que ver con la calidad de los pasos a seguir sino más bien con que ellos sean acordes a nosotros mismos. Por eso todo buen plan tiene que empezar desde un condimento básico y fundamental para que funcione: conocerse a uno mismo. Solo así voy a poder saber exactamente lo que necesito.

Si pensamos la vida como un juego, la pregunta número uno que todos deberíamos hacernos es:

¿Qué necesito para ganar el juego?

Y la respuesta es simple: Lo mismo que para cualquier otro:

- Conocer las reglas
- Saber jugar
- Conocer cómo juego
- Jugar bien

Ahora bien, sabemos que la vida no es un juego ni un deporte, sino algo mucho más amplio y complejo. Pero, de todas formas, existe una diferencia puntual en favor de ella. ¿Cuál es ese punto de ventaja? Que en un juego las reglas ya están puestas, mientras que en nuestra vida tenemos la posibilidad de ser nosotros mismos quienes pongamos la mayoría de dichas reglas.

Y ahí está el secreto de todo: ¿cuál es la receta más simple e infalible para ganar?

¡¡¡¡Ser UNO el que pone las reglas del juego!!!!

¿Cuál es la receta más simple e infalible para ganar?

¡¡¡Ser UNO el que pone las reglas del juego!!!

PARA QUE LA EVALUACIÓN SEA JUSTA, TODOS HARÁN LA MISMA PRUEBA: ¡VAN A SUBIR A ESE ÁRBOL!

¿Cuál sería la fórmula infalible para que cada animal gane en este ejemplo? Que cada uno ponga la consigna que se ajuste mejor a sus habilidades y necesidades. Ni más ni menos.

Y esa es exactamente la posibilidad que tenemos más allá de que no estemos acostumbrados a verlo ni a tenerlo presente. Claro que todos podemos mentirnos a nosotros mismos con historias del estilo: "NO me vengas con que yo pongo las reglas porque tengo un jefe, pago impuestos, tengo compromisos familiares, tengo que, tengo que..."

Para no entrar en polémicas sin mucho sentido te lo planteo del siguiente modo: ¿En serio que todas las personas eligen dar el mismo uso de sus veinticuatro horas? ¿Creés que cualquiera a quien pongan en este preciso momento en tus zapatos haría las mismas elecciones en tus mismas veinticuatro horas?

Claro que no. Entonces, en el acumulado de horas, días y años tomando decisiones diferentes, ¿no creés que van a terminar viviendo vidas totalmente diferentes también?

Con esto no quiero entrar en quién va a resultar con una mejor vida, porque creo que a esta altura mi respuesta está clara: el que pueda habilitar sus propios caminos será el que mejor la viva. Pero en este punto lo que quiero señalar y subrayar es que las condiciones y reglas bajo las cuales vivís son, en su gran mayoría, una elección. Y así como hasta hoy elegiste una cosa, está en vos elegir otra.

Pero, ¿cuál es el paso fundamental para poner esas reglas que quiero y me convienen? CONOCERME.

¿Y cuánto te conocés a vos mismo?

En este punto una excelente estrategia es pensarnos como extraños a nosotros mismos (¿acaso no lo somos?). Y pensar como si estuviéramos hablando de un tercero: ¿cómo le gusta que lo traten? ¿Qué necesita? ¿Qué lo pone bien, qué lo pone mal? ¿Qué lo hace más productivo, qué no? ¿Qué lo deja más atragantado? ¿Qué lo deja atragantado más seguido? ¿Qué lo desatraganta?

A veces sabemos mucho mejor qué necesita nuestra mascota que lo que necesitamos nosotros mismos. ¿Por qué? Sencillamente porque les prestamos atención. Estamos atentos a ver dónde le gusta que la rasquemos, qué cosas la pone más cariñosa, qué cosas la irritan, sus cambios de humor con o sin gente, actitudes según el horario del día, etc..

Entonces ¿cómo empiezo este proceso de conocerme? Prestándome atención a mí mismo como si fuera un extraño; recopilando mi historia y PROBANDO desde lo más básico y cotidiano del día: *me gusta, no me gusta, resultó o no*.

¿Y para qué conocerme? Para después hacer EXACTAMENTE lo que me conviene.

¿Cuál era la forma infalible que decíamos que había para ganar un juego? Siendo yo mismo el que pone las reglas. Entonces, de eso se trata este "juego": conocer lo que necesito y luego hacer lo que me conviene.

Sin llegar a una pregunta amplia, existencial que nos pierda y confunda como *¿Qué querés de tu vida?*, vayamos a una cotidiana, más sencilla de responder: ¿Ya sabés cuál es la mejor rutina diaria para vos (la que te hace sentir mejor, la que te hace más productivo, la que te pone de buen humor)?, ¿sabés cómo es un buen día para vos?

Una pista: si las respondés demasiado rápido pero no estás teniendo la vida que querés, no estás deteniéndote realmente a pensar quién sos, cómo sos y lo que te hace bien.

Una forma de empezar a llevar una acorde a tus deseos y necesidades es empezar a ser INTENCIONAL. Claro que, aun con intención, podés equivocarte, y hacer cosas que no terminen haciéndote sentir bien. Pero ese es el primer paso: no actuar porque sí, sin siquiera conocer la razón.

Entonces preguntate: ¿Cuán intencional sos con lo que hacés?

La realidad es que la mayoría de nuestros hábitos y formas de comportarnos tienen que ver con una "inercia" y no con una intención estratégica con uno mismo: *Soy así, es lo que me sale, es lo que tengo, es lo que conseguí.*

A partir de hoy la actitud con uno mismo debería ser como la del nuevo gerente en la empresa: revisar todo lo que hago para ver si tiene un sentido, una función o simplemente es lo que hay.

El nuevo gerente puede tomar decisiones equivocadas, hasta pésimas, pero al empezar nada de lo que hace es por inercia, lo que decide es con una intención. Y es exactamente eso lo que tiene que aparecer: poner la intención en lo que realizamos y abandonar la inercia impuesta como única forma de llevar la vida que llevamos.

¿No sabés por dónde empezar a revisarte y a considerar cómo llevás tu vida? Te paso algunas ideas para ir pensando:

» Los horarios que manejás (comidas, a qué hora te despertás, te acostás, actividad física, lectura, trabajo, etc.).

» Hábitos nutricionales.

» Silencio o música.

» Compañía o soledad.

» Tu cuidado personal (físico, estético, higiene).

» La disposición de tu casa, el orden, la luz.

» La forma en la que contestás.

» La forma en la que te comportás con tus amigos.

» La forma en la que te comportás con tus compañeros.

» La forma en la que te comportás con tu familia.

» La forma en la que te comportás con tu pareja.

» La forma en la que te comportás con un desconocido.

» La forma en la que te comportás cuando hacés deporte.

» La forma en la que te comportás cuando negociás algo.

» La forma en la que te comportás cuando tenés que comprar algo.

» La forma en la que elegís vestirte.

» La forma en la que elegís programar tu día, tus fines de semana, tus vacaciones.

Todo eso que hacés, ¿tiene que estar hecho a la perfección? No. Pero sí lo más intencionalmente posible; es decir, con el propósito de que sea acorde a lo que querés y elegís.

Hay mucho por aprender y mejorar siempre. Y una vez que uno descubre que hay tanto material disponible y que ese progreso puede ser en la dirección que uno desee, puede también caer en la sobreexigencia de creer que debería ser mejor en todo, sin saber hasta qué punto ese nivel de exigencia es sano y hasta qué punto no.

No soy de los que apoyan la exigencia extrema sobre uno mismo como secreto de una buena vida y que "sin dolor no hay ganancia". Pero hay una habilidad en la cual no existe posibilidad de sobrepasarse y terminar siendo DEMASIADO exigente con uno mismo. ¿Cuál es esa habilidad? La del autoconocimiento. Ahí no existe límite de exigencia. Deberíamos intentar conocernos día a día, cada vez más y mejor. Convertirnos en expertos, especialistas en nosotros mismos.

No le "exigiría" a nadie (ni a mí tampoco) lograr determinados resultados; ya sea económicos, de títulos, laborales, físicos, de relaciones, etc. En principio porque desconozco cuál sería el criterio para decidir qué es importante, cómo podés generarte una buena vida o no (más allá de que muchos crean que algunos de esos logros los van a acercar a tener exactamente la vida que quieren). Pero sí estoy convencido de que uno no puede permitirse crecer sin conocerse cada día más.

Es posible que, en la otra vereda, aparezcan quienes nos digan que no hay que exigirse ni exigir a nadie; que esa exigencia es lo que nos hace infelices para luego verlos deambulando sin rumbo (en honor a la no exigencia) y quizás hasta deprimidas porque, en realidad, esa falta de rumbo no es lo que necesitan. Es decir, claramente no saben lo que ese cuerpo y esa mente precisa y le están dando algo que los hace infelices.

Podés ser adulto y no haber tenido éxitos económicos o cualquier tipo de logro que quieras imaginar, pero es inadmisible que seas adulto y estés involucrado con frecuencia en situaciones que te molestan, irritan, ponen de mal humor y te dejan atragantado. Es decir, involucrado en situaciones que de "sorpresa" te dejan atragantado. ¿Después de cuántos años de vida seguís sorprendiéndote acerca de lo que te hace bien y lo que te hace mal?

No podés darte ese permitido. Y toda autoexigencia en ese sentido está bien. Y cuanta más, mejor.

Conocernos cada vez más debería ser EL objetivo común a todas las personas.

> **Conocernos cada vez más debería ser EL objetivo común a todas las personas.**

Cómo luchar contra mis propias amenazas: "las alarmas anti-progreso"

Vivimos tan encerrados en la idea de que son los demás los que nos hablan mal, los que nos maltratan, o hasta "amenazan" con criticarnos si nos animamos a progresar, que perdemos de vista con mucha facilidad que quien peor nos trata somos indiscutiblemente nosotros mismos.

Y dentro de esos maltratos que se dan a través de diálogos internos negativos, hay unos más específicos que son las **amenazas internas**. Veamos un poco cómo funcionan.

¿Qué son las amenazas? Las amenazas son advertencias de un peligro que va a hacerse realidad en caso de no cumplir con alguna condición. Y su característica principal es que el peligro que amenaza siempre es más poderoso que el daño real. Es decir, la fantasía de que se viene algo terrible siempre es peor que la realidad misma.

En este caso, ¿de qué peligro hablamos? Del peligro de que los demás "descubran" un secreto negativo que va a hacer que caiga TODA nuestra imagen.

Pensemos en ejemplos para que se entienda mejor:

SITUACIÓN	AMENAZA INTERNA
"La gente piensa que canto bien, pero en realidad hay estilos de música en los que me doy cuenta de que no sirvo".	Si SEGUÍS CANTANDO van a descubrir **la verdad**: NO sabés cantar.
"Mis amigos creen que juego bien al fútbol, pero competí en un torneo y me di cuenta de que no sirvo para este deporte".	Si SEGUÍS JUGANDO van a descubrir **la verdad**: NO sabés jugar al fútbol.

"Mis compañeros creen que soy buen orador porque hablé bien delante de cinco personas. Con más gente verían que soy malísimo."	Si SIGO HABLANDO EN PÚBLICO van a descubrir **la verdad**: NO servís como orador.

¿Cuál es la condición para que no aparezca este peligro?

Que no progresemos, que no avancemos, que no hagamos un movimiento que nos saque de la oscuridad; con lo cual estas amenazas terminan operando como "alarmas anti-progreso" que nos llenan de inseguridad: *¡Si avanzás, me activo!*

Todo lo que está oculto, en las tinieblas, es más poderoso que lo que está a la vista. Y así es como funcionan las amenazas: desde el misterio, el suspenso y, principalmente, la OSCURIDAD. Entonces la forma de desarmar su factor más poderoso es explicitándolas, echándoles luz y claridad. Poniendo su estructura y su peligro en palabras. Porque ahí va a quedar en evidencia el engaño de la amenaza: es mentira que TODA nuestra imagen esté en juego en ese "secreto" negativo de nosotros mismos. Tan solo (y tal vez ni siquiera) ese único aspecto.

Ese "secreto" es **solo una parte de la realidad**, y no la verdad absoluta que apaga y desmiente todo lo que somos.

Volviendo a los ejemplos que decíamos recién podemos desarmar su poder negativo de la siguiente manera:

SITUACIÓN	FORMA DE DESARMAR LA AMENAZA
"La gente piensa que canto bien, pero en realidad hay estilos de música en los que me doy cuenta de que no sirvo".	"Soy bueno para cantar un estilo de canciones y hay otros con los que no me siento cómodo y no me salen bien."
"Mis amigos creen que juego bien al fútbol, pero competí en un torneo y me di cuenta de que no sirvo para este deporte.".	"Juego bastante bien al fútbol entre amigos. Y en los torneos no me siento cómodo y no juego tan bien. Prefiero evitarlos.
"Mis compañeros creen que soy buen orador porque hablé bien delante de cinco personas. Con más gente verían que soy malísimo."	"Soy buen orador delante de pocas personas. Y para hablar delante de mayor cantidad de gente necesito seguir preparándome."

Esto es ponerlo en palabras. Poder expresar que soy bueno para algo y no tanto para otra cosa. Es decir, EXPLICITAR desarma la amenaza porque deja en claro que un aspecto personal negativo o que no nos gusta no anula todo el resto de lo que somos.

Salir de ese lugar de ese lugar secreto, oculto, de "tengo un as negativo bajo la manga en mi contra que nadie conoce y que no debo mostrar", y explicitarlo, va a darnos tranquilidad y seguridad por saber quiénes somos.

Pero, ¿qué pasa si no puedo explicitar eso negativo? Por ejemplo, porque se trata de mi trabajo y, si muestro mis debilidades, ¿no van a darme un ascenso? Hay que entender que echar luz, claridad sobre las cosas, expresarlas, ponerlas en palabras no tiene por qué ser con otra persona, tal vez sea un diálogo explícito solo con uno mismo.

Lo bueno es que, una vez expresado, deja de ser un zumbido de fondo cuando apoyo la cabeza en la almohada. También puedo explicitárselo a mi pareja o a un amigo para que me ayude a decir lo que me pasa. Lo único que necesitamos es CLARIDAD para poder plantear eso lo más precisamente posible. Entonces, si sabemos que la oscuridad es poderosa, es ilógico que la usemos en nuestra contra.

Si la oscuridad y el misterio hacen poderoso algo en tu contra, SALÍ RÁPIDO DE AHÍ. ¿Cómo? Poné tus cartas sobre la mesa. ¿Existe algo negativo o que no te gusta de vos, o áreas en donde no te sentís cómodo? Volcalo sobre la mesa y va a pasar a ser solo UNA carta, y no la GRAN CARTA SECRETA Y PODEROSA.

Un truco de lenguaje muy sencillo para que eso negativo pierda poder sobre lo que pensamos de nosotros mismos es cambiar el **PERO** por el **Y**. Ej.: "Soy muy bueno para esto **Y** en tales situaciones no tanto". El "Y", además de no tener connotación negativa como el "PERO", deja en claro que algo se AGREGA; es decir, NO RESTA algo a lo que soy. Porque nada de lo que soy se puede anular o perder. Lo que puede ocurrir es que se agregue. Esto sirve para que podamos ser más honestos y directos con nosotros mismos: si lo que nos decimos es solo ALGO más, y no TODA la verdad, estos diálogos internos se hacen más livianos y fáciles de afrontar.

La mentira del AUTOBOICOT. ¿Cuánto conocés a tus socios internos?

¿Por qué no damos el paso si PODEMOS hacerlo? La mentira del AUTOBOICOT:

¿Alguna vez escuchaste hablar sobre el autoboicot? Bueno esta es una de las formas a través de las cuales verificamos una vez más lo perdidos que estamos en relación a nosotros mismos. ¿Por qué? Porque son esas situaciones en donde aparece un misterio o una fuerza maligna desconocida que va en contra de nuestros intereses y de lo que queremos.

El autoboicot es una de las clásicas formas de poner un freno hacia lo que queremos, y es el responsable del NO PASO en nuestras vidas. Básicamente consiste en hacer algo supuestamente en contra de nuestro propio interés. Y digo supuestamente porque vamos a ver que no es así como se crea este fenómeno.

Existe una falsa visión acerca del autoboicot y es que uno sería un tonto que busca autoperjudicarse sin ningún beneficio. Y la realidad es que puedo decirme tonto por no conocerme, pero nadie es tonto en el sentido de BUSCAR perjudicarse.

La idea sería algo así: yo quiero algo y, misteriosamente, hago exactamente lo contrario. Eso no tiene sentido y, de hecho, no es así como funciona.

La forma más sencilla de explicar y entender lo que sucede en esas situaciones es, como decíamos antes, pensar mi cabeza como un grupo de socios con diferentes intereses. Tal vez yo estoy identificado con los intereses de UN socio, y me convenzo de que es lo único que quiero, pero desconozco (o me hago el distraído haciendo esfuerzos intencionales por negarlo) los intereses de los demás socios. Es por eso que hay que poner un poco en duda la idea de que el autoboicot es un fenómeno "en contra de nuestros propios intereses". Mejor dicho, lo que puedo afirmar ante escenas de autoboicot es que claramente desconozco los intereses de los demás socios, y lo que sucedió fue resultado de una negociación entre distintos intereses que ignoraba. Y, visto así, podemos decir que el efecto autoboicot no es tan misterioso como parece a priori (*estaba ganando el partido y empecé de golpe a jugar pésimo hasta perder. ¿De qué se trata esa locura?*).

Pensando en términos de diferentes socios y diferentes objetivos la explicación es más simple: luego de una negociación interna "secreta" en mi cabeza, se decidió dar prioridad a los intereses de ese socio que desconocía. Ejemplo: vengo de un barrio humilde y mi capacidad y ambición me acercan a la posibilidad de dar UN PASO que me saque de esa situación. Un socio QUIERE. Otro socio dice *te vas a alejar del barrio, de la familia, ¿te agrandaste, te olvidaste de tus orígenes?* Con lo cual, a partir de esa negociación interna, empiezo a tomar decisiones y acciones contrarias a mi crecimiento. Eso es lo que llamamos "autoboicot".

No es casualidad que en el autoboicot la postura que gana sea una oculta. Porque justamente, si se hiciera explícita, sería mucho más fácil desarticularla y hacerle perder su fuerza. Por otra parte porque, si se hace explícita, resulta claro que el objetivo de esa voz va en favor de nuestros intereses y no, como el mismo término nos quiere hacer creer, que el único interés es autoperjudicarnos. Es por eso que uno de los pasos para trabajarlo es PONER TODAS LAS CARTAS SOBRE LA MESA.

Eso empieza a desarmar dicha postura. Y una vez que se tienen en claro los distintos intereses de mis "socios" internos, solo se trata de negociar con ellos. Es decir, bajo ningún punto de vista intentar pasar por encima: "eso del barrio y los orígenes es una pavada". Porque ahí vamos a dejar un socio herido, resentido, con su interés insatisfecho y con ganas de hacerlo cumplir. Ahí van a aparecer los problemas. De modo que la postura es la que siempre debemos tener ante un problema: tenerlo planteado y explícito sobre la mesa, buscar cómo poder solucionarlo y que queden todas las partes satisfechas; y, por último, ver a quién le podemos pedir ayuda porque tal vez no sabemos cómo hacerlo solos (puede ser una persona o un libro quienes nos ayuden).

El ejemplo de salir del barrio y el riesgo de olvidarse de los orígenes (como una supuesta traición) me parece excelente porque en verdad no tiene que ver con algo exclusivo en lo económico y social. Todos sufrimos de esa misma atadura. Los que dan EL PASO siempre están venciendo la postura que pretende que nos "quedemos en el barrio de origen".

Si diste el paso para ascender en tu trabajo o emprendimiento, tus anteriores pares pueden "acusarte" de olvidar tus orígenes.

Si diste el paso y te pusiste en pareja los amigos de siempre pueden acusarte de lo mismo.

Si dejaste atrás el hábito de la timidez y aparecés hablando en público suelto, desinhibido y persuasivo... podés ser acusado de lo mismo: "¿te olvidaste de quién sos? ¿Te agrandaste?" Todas expresiones que están condensados en el "¿Y vos quién sos?..."

Otra fuente de atragantamiento: no poder terminar lo que empecé

No terminar los proyectos puede ir desde un emprendimiento o una dieta a una carrera universitaria. Y claro que pueden existir distintos motivos para no terminar. La más popular es la de: "le faltó disciplina". Y esto puede ser cierto, pero es la versión menos psicológica y que, personalmente, menos me atrapa o interesa. Los que me interesan son los casos en donde la explicación es más enigmática. Por ejemplo, el de alguien a quien le faltan muy pocas materias para recibirse y no puede terminar. O de aquel que hace algo que le encanta, pero misteriosamente no puede terminar de concretarlo.

En algunos casos esto se debe a que esa situación entra en algún tipo de cortocircuito o contradicción interna. Y el resultado final (no concluir la obra) es la consecuencia de esa negociación interna que nos resulta extraña, misteriosa e inentendible.

Por ejemplo, uno de los conflictos de intereses más particulares que suelen aparecer es el de tener más ganas de DESEAR algo que de TENERLO. En estos casos lo que sucede es que podemos acercarnos hacia lo que queremos porque lo deseamos, pero ya tenerlo implica bajar un poco ese deseo. Vamos a un ejemplo concreto: tal vez admirás y sos fan de un deportista, y te encanta y hasta tenés su poster en tu pieza. Y luego, por destino de la vida, se te da la posibilidad de conocerlo y entablar una relación con él. El resultado de ese vínculo es que, por más que te lleves bien, esa imagen idealizada ya cayó, porque se convirtió en un ser humano de carne y hueso, no en un ídolo inalcanzable. Y puede que eso ya no te guste tanto y prefieras tenerlo allá arriba, de ídolo. ¿Cómo se logra eso? NO teniéndolo tan cerca.

Así también puede suceder con una carrera universitaria: *¡Te imaginás el día en que me reciba! Todo lo que va a pasar*. Con la fantasía de que la vida va a cambiar, pero la realidad es que la vida cambia cuando nosotros cambiamos, no cuando conseguimos algún objetivo. Y como sospechamos que esto es así (y con razón), un "socio interno" puede levantar la mano y decir: *Prefiero el entusiasmo por lo que podría venir a la desilusión de lo que es*.

La realidad es que, al recibirte, pasada la emoción inicial, la emoción de sentir que el mundo se detiene en ese punto, el mundo continúa, y tu vida también… ¡¡por suerte!!

Tal vez te recibiste y descubriste que las cosas no cambiaron como creíste; y empezás a encontrar gente que no te parece especialmente formada o interesante pero que también logró el mismo título que vos. Luego descubrís que con el título no conseguís automáticamente un trabajo. Y que, más allá del conocimiento teórico, en lo referente a la práctica empezás tu vida laboral prácticamente desde cero.

Tal vez desde la mirada del *me faltan tres materias, imaginate todo lo que va a pasar*, congelando esa distancia y esa visión, uno de tus socios internos prefiera dejar las cosas así: priorizando el desear y ese entusiasmo de "todo lo que se viene" por sobre el tener o lograr.

Cómo ganar seguridad: Teniendo una NOTA[2] de vos mismo

Existe una falsa creencia de que para conseguir seguridad tenés que pensar cosas maravillosas de vos mismo: que sos un ser excepcional, que tenés que mirarte al espejo y repetirte lo lindo que sos, que sos un diez, etc. Y en la carrera por ser ese diez, o al menos tener una buena nota, vas probando distintos caminos para mejorarla; pero todos terminan saliendo mal, en el sentido de que el objetivo final (que es tener una mayor confianza en uno mismos) fracasa. Puede que en ese trayecto de mejora disfrutemos de algún elogio, pero no de mayor autoconfianza. Y esto es por una sencilla razón: "tener una buena nota" no es lo que te da seguridad en vos mismo, sino SABER QUIÉN SOS. Son dos aspectos muy diferentes con distintos recorridos para lograrlo.

Pensemos un poco lo que solemos hacer para ganar seguridad y confianza:

» Una opción muy común es buscar progresar en todo (ya sea en lo estético, habilidades, logros, etc.) para mejorar la propia imagen, verme bien y así sentir seguridad.

» Pero, ¿qué pasa? Después volvemos a la triste realidad y desilusión de que seguimos igual de inseguros que antes. Como si todo eso que mejoramos, todos esos logros que obtuvimos, prácticamente no hubieran existido. La típica frase: *Con todo lo que lograste, ¿cómo podés seguir sintiéndote inseguro?* incluye desde el que hizo miles de veces algo, y bien, y cada vez que lo vuelve a hacer cree que va a salir mal y lo van a criticar, hasta a la chica linda que todos elogian pero que, aun así, se siente fea y no deseable.

» Otra opción para ganar seguridad es la de promover en uno

---

2 Como sinónimo de "calificación", "valoración personal".

mismo, y en otros, una imagen de fortaleza y seguridad: *"¡Soy un fenómeno y todo me sale bien!"*, que tiene como idea de fondo el creer que, si tengo una cáscara fuerte, voy a ir fortaleciéndome por dentro cuando, en verdad, la imagen de estas personas a las que llamamos soberbias, "agrandadas", se parece más a la de una comida quemada por fuera y cruda por dentro.

Es decir, detrás de esa aparente imagen de fortaleza solemos comprobar que se esconde un carácter frágil y vulnerable. Y esto surge de una confusión básica y fundamental: nuestros diálogos internos (que son los poderosos a la hora de graduar el grado de autoconfianza) no son "diálogos en voz baja" o situaciones que me repito mentalmente. Si así fuera resultaría muy sencillo repetirme ideas positivas mentalmente y cambiar toda mi mentalidad y confianza. Los diálogos internos poderosos son aquellos de los cuales ni cuenta me doy de que los estoy teniendo.

Entonces, ni convertirse en alguien excepcional ni intentar autoconvencerse de serlo parecen recetas efectivas a la hora de buscar seguridad y confianza en uno mismo.

Lo que sucede es que en ambos hay una búsqueda por "ponerse una nota alta" respecto de lo que hago, de lo que soy, con la falsa expectativa de que hacerlo va a darme confianza y seguridad. Y paradójicamente ese es el camino contrario al de la seguridad. No te da seguridad ser o creer que sos un genio, sino tener **estabilidad** interna. ¿Y qué implica esa estabilidad? Tener la sensación de que, *pase lo que pase, digan lo que digan, sigo parado firme en un lugar.* No importa cuál es ese lugar, importa que esté firme. Y esa firmeza no me la da el tener una gran valoración mía o de los otros; me la da el TENER una valoración firme.

Si mi seguridad depende de ser bueno, o de hacer las cosas bien, estamos en un problema: porque en el momento en que no lo haga bien voy a perder estabilidad. De hecho, hasta el máximo elogio que me hagan puede ir en contra de mi seguridad. Suponete que te sentís muy inseguro en tu trabajo, entonces buscás perfeccionarte y esforzarte para hacerlo de diez. Terminás de hacerlo ¡y te salió BRILLANTE! Y todos te elogian. Pero, ¿eso te dio seguridad? Te dio placer y un mimo, pero no seguridad. De hecho, hasta puede verse disminuida. ¿Cómo? Tu seguridad va a estar pendiente de que vuelvas a hacer un trabajo brillante. Si no lo hacés, esa seguridad tambalea. ESA es la máxima expresión de la inseguridad: depende de lo que hacés, no de lo que sos.

> **No te da seguridad ser o creer que sos un genio sino tener estabilidad interna.**

La realidad es que la mayoría de las personas están a la espera de que otro les "ponga una nota". *¿Te parezco lindo, inteligente, estuve bien, cómo estuvo la capacitación, soy exitoso, soy querible, soy respetable, te gustó el libro*?, etc. Un conjunto de preguntas a la espera de una devolución. Que en verdad no consiste en la búsqueda de un "mimo" (¡aunque está muy bien pedirlo!) sino en algo más importante: la consulta al otro acerca de *¿Quién soy*? O puesto en otros términos: *¿Qué nota me ponés vos?*

Hay muchos que dicen que está mal buscar y disfrutar del reconocimiento, el cariño y los gestos de admiración de los demás porque consideran que es una señal de dependencia y falta de personalidad. No estoy de acuerdo. Me parece bárbaro disfrutar del cariño de quienes nos admiran y quieren. ¿Y en dónde está el problema entonces? En pedir **autorización**, una "nota" a los demás acerca de quién soy.

¿Por qué es esto un problema? Porque me quita seguridad y firmeza. Si yo no sé quién soy, no sé qué "puntaje" tengo, voy a encontrarme a ciegas respecto de mí mismo y en dónde estoy parado. Y no solo voy a quedar a la expectativa de la opinión del otro sino que, además, una vez que me digan qué piensan de mí... tampoco voy a tener certeza de que eso sea cierto. Lo cual, lógicamente va a dejarme en un "zamba mental" permanente.

Me elogió, pero... ¿lo habrá hecho en serio? ¿No habrá sido para hacerme sentir bien? Es decir, ni aun un comentario positivo va a ayudarme porque siempre voy a tener la posibilidad de desconfiar y no creer en él.

¿Qué es lo que va a darme seguridad, estabilidad y confianza en mí mismo? Tener esa nota. Conocerme. Y en este punto es súper importante destacar algo: NO es fundamental que esa nota sea alta.

Podés decirme que conocés gente que sí tiene una nota de sí misma pero, aun así, se sienten súper inseguras. Podría ser, como decíamos, una persona que se autodefine como "malísima para cantar" y siente mucha inseguridad por ese tema. ¿Cómo podría explicarse esta combinación de tener una nota y, aun así, sentirse insegura? Lo que sucede ahí es que BUSCAN tener una nota (afirmando que son "malísimos") para pisar en terreno firme, pero si están inseguros es porque no terminan de creerse que son malos en lo que hacen. Están a la espera de una devolución externa: *¡Pero para mí vos cantás bien!*. Es decir, ahí ya están dentro del problema: no tienen clara cuál es su propia nota.

Veamos un ejemplo clásico de una persona con seguridad: un joven que no es físicamente "lindo" pero sí súper confiado a la hora de conquistar chicas. Son personas que saben y hasta pueden decirlo a viva voz que no son lindos, pero eso no los afecta. ¿Cuál es su truco? ¡Saben quiénes son! Ya tienen una opinión muy definida de sí mismos (Ejemplo: *no soy lindo, soy súper entrador, simpático, carismático* o lo que sea). Hay una descripción precisa y una opinión muy marcada. AHÍ radica la seguridad. Conclusión: ¿viste personas que buscan mejorar en todos los rubros (hacen cursos de todo tipo, se hacen operaciones estéticas, etc.) pero, aun así, nunca logran confianza? Son personas que nunca llegan a tener en claro quiénes son, nunca terminan de ponerse una NOTA a sí mismos o nunca terminan de creerse las notas que intentan ponerse.

Es por eso que es tan nocivo esto de vivir buscando alcanzar ese bendito POTENCIAL. Porque nos hace dudar de nuestra nota. ¿Seré un 3 o un 10??? Este margen tan grande no solo nos confunde sino que básicamente nos da inseguridad.

¿Y qué pasa si cambio de opinión, si cambio de nota?

¿Qué pasa si hoy pienso tal cosa de mí mismo y mañana pienso otra? No hay problema. Es lógico y saludable ir teniendo distintas opiniones. De hecho es positivo, porque también habla de que vas cambiando y progresando. Nuevamente, lo negativo no es tener una determinada opinión u otra, ni tampoco cambiarla. Mientras se TENGA opinión, estamos bien. Vamos a estar parados sobre terreno firme.

Un ejemplo de lo que quiero decir es el de una persona de los medios que se convirtió en un paradigma de alguien no atragantado: me refiero al ex futbolista, campeón del mundo con la selección argentina, Oscar Ruggeri, hoy exitoso periodista de fútbol. En él no solo puede verificarse esto de no quedar atragantado (y lo atractivo/ hipnotizante que resulta ver a una persona "liberada", no atragantada), sino también el poder que genera en nuestra seguridad interior el hecho de tener una nota clara respecto de uno mismo.

Más allá de su exitosa carrera como futbolista, su posterior carrera como Director Técnico no tuvo el mismo nivel de logros. Y en relación a esto recuerdo haber escuchado, en varias ocasiones, su propio relato acerca de su experiencia como Director técnico una vez terminada la carrera de futbolista. En ellas contaba que ser técnico claramente no era SU camino, que no era algo que disfrutara ni para lo cual se sintiera preparado.

Es muy interesante escucharlo porque allí se observa notoriamente este concepto (y más viniendo de alguien a quien consideramos como lo opuesto a estar atragantado). Y es que hablar de algo supuestamente negativo o de "baja nota" (no ser un buen técnico de futbol en este caso) no lo disminuye sino más bien todo lo contrario: lo deja fuerte y bien parado. No hay ahí vacilación sino seguridad.

Por qué elegimos no crecer todo lo que podríamos

Claro que crecer y progresar genera inseguridad. Porque todo lo que hagamos para pasar de nivel implica una nueva pregunta respecto de mi nota: *En este nuevo nivel, ¿qué nota tengo?*

Siguiendo con los ejemplos futbolísticos: supongamos que fuera un exitoso jugador de fútbol en Argentina, al punto de considerar que mi "nota" es de 9 puntos. Ahora, gracias a mi rendimiento y éxito, logro que me transfieran a un gran equipo de Europa. Esto es una buena noticia pero, por otra parte, representa un desafío para mi tranquilidad y seguridad ya que ahora voy a tener que revisar mi situación:

En este nuevo escenario ¿cuán bueno soy? ¿Cuál es mi nueva nota? ¿Sigue siendo buena o bajó?

Ese cambio implica una nueva incertidumbre. Es por eso que muchas veces terminamos prefiriendo no dar el paso, no avanzar ni progresar, porque hacerlo implica ceder cierta seguridad y estabilidad. Esto NO es autoboicot; es decir, no implica que estemos buscando perjudicarnos. Es sencillamente buscar el beneficio de la seguridad.

¿Cómo consigo una nota de mí mismo?

Para que esto pueda ser efectivo, esta nota tiene que ser REAL. Como decíamos recién: la nota puede cambiar en el tiempo, no tiene por qué ser definitiva, pero tiene que existir una. Hoy está muy de moda esto de "no ser tibio"; es decir, que es necesario tener una opinión definida y marcada. El problema es que ese mandato (el de no ser tibio) está orientado a cuestiones tales como ver a qué partido político odiás, qué postura tenés respecto de cierto movimiento social, o la opinión sobre la última noticia de los medios a fin de discutir en redes sociales o en una reunión familiar. Pero ninguna de esas opiniones es importante que esté definida (a pesar de que quieran convencerte de lo contrario). Lo único importante es tener una opinión precisa de uno mismo. No ser tibio al respecto. Entonces podés mejorar, podés adquirir una nueva visión o perspectiva y cambiar de nota. Pero necesitás tenerla y creerla.

¿Definirme es etiquetarme?

En este punto tenemos que corrernos del modelo "anti-etiqueta". Esta moda psicológica de escandalizarse ante las etiquetas: *¡Etiquetar a las personas (o etiquetarse a uno) es limitante!* Esto no es cierto. Esto es como decir: *no le des ninguna indicación o educación a los chicos, que ellos hagan su propio camino; si no, los vas a limitar con tus ideas.* La realidad es que todos estamos condicionados por ideas de otros y así es como nos vamos formando: a partir de esos otros. A partir de sus ideas, de sus creencias, que son todas subjetivas y, desde ya, no son verdades absolutas. Así se forma un ser humano. Pero para poder "hacer pie", necesitamos apoyarnos en algunas certezas, por más que esas certezas luego vayan cambiando.

Si pensamos nuestra formación y crecimiento como una escalera, lo que vamos a necesitar para subir es que los escalones estén firmes. Después pueden ir cambiando de lugar, pero al momento de pisarlos tienen que estar firmes. Del mismo modo nuestra mirada y opinión sobre nosotros mismos también debe estarlo.

Esos escalones son nuestra nota, nuestra etiqueta, nuestra visión o creencia. Como prefieras decirlo o entenderlo.

Entonces, ¿cómo puedo empezar a saber quién soy?

Primero que nada comenzando a hacerme preguntas más sencillas, menos existenciales; es decir, reduciendo esa pregunta tan amplia (e incontestable también) acerca de quién soy, a preguntas más simples, acotadas y concretas.

Esas preguntas pueden ser en principio aplicadas a rubros específicos: trabajo, pareja, familia, deporte, hijos, amigos. Es decir, cómo me comporto y soy en esas áreas.

¿Cómo me comporto? ¿Cómo es mi humor? ¿Cómo son mis ciclos de humor? ¿Qué cosas cambian mi estado de ánimo? ¿En qué dirección? Algunas me ponen más triste, más entusiasmado, de mal humor, me irritan, me hacen reír, me motivan, etc.

A los seres humanos nos encanta la idea de ser únicos, impredecibles y, por sobre todas las cosas, no programados. Esa sería la ESENCIA humana, la que nos deja en una categoría mucho más elevada que la de un simple animal que repite conductas programadas. Pero la realidad es que estamos absolutamente programados, y nuestras reacciones no aparecen al azar. Responden a patrones y programas ya instalados en nosotros. De manera que es un desperdicio seguir adelante sosteniendo la bandera del ser humano especial, único e impredecible, sin conocer nuestro programa, que nos va a hacer la vida mucho más fácil.

La realidad es que somos súper reiterativos, poco variados y súper previsibles, ¿no es acaso esto una tremenda ventaja? Claro que sí. Si yo mismo fuera un rival de un deporte y mi objetivo en la vida fuera conocer a ese rival para ganarle, ¿qué mejor que se tratara de un rival que repite siempre exactamente la misma jugada? Sabría exactamente qué hacer con él. Bueno lo mismo sucede con nosotros: si aprendemos a conocernos, vamos a diseñar una vida que encaje exactamente con lo que necesitamos y queremos.

El atajo para conocerme. Pedir feedback

Ser capaz de considerar un pensamiento, sin aceptarlo, es la marca de una mente educada. Aristóteles

La verdad es que no tengo ni idea de cómo soy en todos esos rubros, ¿qué hago?

Una de las formas más sencillas es PREGUNTANDO a otros.

Y ahí es donde viene la duda: *¿Pero entonces no voy a entrar otra vez en ese zamba mental de que lo que me digan pueda tirarme para un lado u otro y desestabilizarme?*

Algunas cuestiones a tener en cuenta respecto del miedo a pedir feedback:

1. Vas a llevarte una sorpresa: es mentira que *la gente es mala.* La mayoría te va a dar una devolución interesante. Esto lo aclaro porque una de las primeras fantasías ante la idea de pedir una devolución es que *me van a matar, y NO QUIERO. Pretendo conseguir seguridad y lo que voy a obtener es el debilitamiento de mi autoestima escuchando la opinión de los demás sobre mí.* Esto no es así para nada. Además, a las personas les encanta que les pidamos su opinión. Es por eso que, si les habilitamos a que nos digan lo que piensan, van a hacerlo totalmente vacíos de mala intención.

2. Segunda cuestión a tener en cuenta: lo que te digan NO es necesariamente LA VERDAD. Ni tampoco una orden acerca de la nota que tenés que ponerte a vos mismo. Es sencillamente información que te sirve para pensar y luego procesar. Vas a tomar literal algo de esa información, otra te va a servir para disparar ideas y vas a desechar otra. Qué hacés con cada una de ellas es decisión 100% tuya. Para esto te-

nés que tener presente que no es soberbia, mala educación, ni señal de desagradecimiento el hecho de no tomar como verdad lo que el otro te diga.

Suponete que le pedís una opinión a alguien y después no tomás lo que te dijo porque no te parece que tenga que ver con la realidad. ¿Creés que te van a reclamar? Lo dudo. Pero en el caso de que te dijeran: *¿Para qué me preguntás si después no lo vas a tomar?* La respuesta sería: *Sí, lo tomo. Lo tomo para pensar, no para tomarlo como verdad.*

3. Preguntale a MUCHA gente de tu entorno. No solo te va a dar más información y perspectiva, sino que va a ayudarte a que te animes. Cuánto más masivos y menos personales son los intercambios, más fáciles son de escuchar y recibir. Ayudan a internalizar esta idea de que se trata de simples opiniones, no "bombas de verdad". Si le preguntás a una sola persona y, encima, importante en tu vida, vas a esperar la respuesta como la nota de un examen. Y esa no es la idea.

4. Recordá para qué lo hacés: no es una pregunta que busque cariño al estilo de: ¿Te gusto o no te gusto? ¿Te importo o no? Sino que es sencillamente para ver si alguien tiene información valiosa sobre vos que no estabas pudiendo ver. Tampoco se trata de una consulta masoquista: "¡Listo, tomé coraje! Díganme lo que piensan de mí, disparen con todo lo que tengan". Eso no tiene sentido. Este ejercicio tiene un fin práctico, no un goce masoquista ni uno heroico.

En relación a este último punto quiero destacar algo importante: ¡pedir feedbak es la forma más fácil de avanzar! Pero no lo hacemos por el temor a que la devolución lastime nuestra confianza y seguridad (exactamente lo contrario a lo que buscamos) al punto de arruinar nuestro proyecto.

Si sos de los que se limitan por culpa de este miedo, tenés que tomar una perspectiva diferente a la que estás teniendo actualmente. Para que se entienda: cuando pedís feedback a alguien, no les estás preguntando *¿qué sentís por mí?*, que entiendo que puede desviarse hacia algo más personal, sentimental y que, lógicamente, te sensibilice. Lo que hay que tener presente es que la pregunta pretende resolver algo bien concreto: necesito INFORMACIÓN sobre mí.

¿Alguna vez te copiaste en un examen o le pediste ayuda a tu compañero de al lado? (Aclaro que no promuevo hacerlo pero sirve para ejemplificar). Ponete en ese momento: le estás mostrando la hoja de tu examen, le señalás la pregunta que no sabés si respondiste bien para que la vea y te diga si le parece que es correcta o no. Ahí le estamos pidiendo feedback a alguien acerca de lo que hicimos o escribimos. Ahora, ¿te viene a la mente una imagen sentimental o personal? ¡Para nada! Si nos dice que está mal todo lo que pusimos y nos pasa la respuesta correcta, lo mínimo que vamos a hacer al salir del examen ¡es ir a comprarle un regalo! Porque nos ayudó a resolver un problema. De ninguna manera se te ocurriría ofenderte al modo de "¡Y este qué me viene a corregir! ¿Quién se cree que es?". No se te cruzaría por la cabeza una reacción así. Bueno, en este pedido de feedback ocurre EXACTAMENTE lo mismo. De hecho habría que buscar la manera de que el pedido fuera lo más informativo y menos sentimental posible. Todo lo que te diga es información que te están regalando; es decir, es ORO. Vas a tener que estar agradecido por esas palabras (que encima son gratis e involucran a gente que está dispuesta a darlas).

Este pedido de devolución va a ir ayudándonos a bajar de la idealización (positiva o negativa) de nuestra propia opinión respecto de nosotros mismos.

Cuantas más personas interroguemos y más seguido lo hagamos, más relajados vamos a estar. Es lo mismo que lo que pasa con los estudios preventivos de control médico (¿los hacemos?...). Cuanto más demorás, más misterio y drama se le suma a la expectativa de cómo van a dar los resultados. Cuanto más seguidos los realicemos, más de "rutina" se tornan. Lo mismo ocurre con estos pedidos de devolución: tenemos que tornarlos como un hábito de rutina.

Desmitificar la opinión de los demás sobre nosotros ayuda mucho a corrernos de la fantasía de que tienen algún "secreto inconfesable" acerca de quiénes somos (pero que no nos terminan de confesar). Al preguntar, terminamos con la fantasía. Verificamos que NO hay mucho secreto. Y eso evita la inestabilidad de opinión sobre mí mismo. Se termina el combo de la inestabilidad, inseguridad, timidez y todas esas cuestiones que conforman uno de los ejes que nos impide actuar.

Un ejemplo personal que grafica muy bien esto: cuando cumplí dieciocho años empecé a notar que se me caía el pelo. Desde ese día hasta que me lo corté al ras por completo (diez años más tarde) estaba en un juego de niños de *¿Sabrán que estoy quedándome pelado? Quizás no. Quizás sí y no me lo dicen. Pero si pregunto me van a decir algo hiriente. Mejor lo disimulo.*

El día en que me rapé por completo se terminó el desgaste. En ese momento tuve una NOTA clara: estoy pelado. Y no era una nota que me gustara (estéticamente prefería tener pelo), pero el beneficio de estar 100% rapado me daba una nota fija, contundente, sin grises. Fin. Y con esa nota (peor a la de los años anteriores en los cuales tenía más pelo), era mucho más feliz y libre: finalmente había logrado tener la seguridad que una nota puede darte.

Otra forma de ir aclarando cuál es tu nota es estar más en la cancha, en la acción, y menos en la elaboración mental interna. Cuando vamos hacia la acción todo se vuelve más real y muchas cuestiones bajan a la realidad de manera más simple y menos rebuscada.

Les cuento un ejemplo por el cual tuve la oportunidad de experimentar claramente la diferencia entre ponerme una nota, definirme, basándome en mi fantasía y hacerlo desde la realidad de la acción: desde chico fui una persona a la que le gustó reflexionar y pensar mucho, lo cual con el tiempo, y una vez recibido de psicólogo, me llevó a fantasear que podría estar en programas de radio y TV, y escribir una gran cantidad de libros para compartir TANTAS ideas. Esta era la imagen que me había construido internamente.

En determinado momento, cuando "salí a la cancha", a la acción, logré tener un parámetro más real. ¿Qué pasó? Empezaron a llamarme de un programa de radio todas las semanas para hablar de diferentes temas de psicología que yo iría planteando y tuve la oportunidad de "testear" mi nivel de creatividad. El resultado fue que a la tercera semana ya no sabía de qué hablar.

Esa supuesta ilimitada cantidad de temas que creía que tenía era producto de una idealización fantaseada. Ir a la acción me llevó a la realidad. ¿Esa realidad era que tenía una visión totalmente distorsionada de mí mismo y ninguna idea? No. La realidad era que efectivamente solía pensar en muchos temas, pero si no hacía algo para promover gran cantidad de ideas rápidamente, ya no iba a tener más. Así empecé a considerar a la lectura como una fuente imprescindible para lograr nuevas y mejores ideas.

Lo interesante entonces es que ir a la acción y VOLCAR lo que tenemos para dar nos lleva a un terreno de realidad. ¿Tenés algo para ofrecer?, ¿un potencial que hoy te resulta un misterio para vos mismo?, ¿tenés la duda de si serás alguien especial o tan solo "uno más" en tu rubro?

Esto se resuelve de manera muy sencilla, es solo cuestión de empezar a OFRECER y ENTREGAR esa habilidad. ¿Creés que sos gracioso y podrías dedicarte a eso? Empezá a buscar oportunidades cada vez más formales en donde hacerlo: "Pero fui a un lugar más profesional porque pensaba que lo mío iba a ser espectacular y fue bastante decepcionante". Eso no tiene que bajar tu autoestima. Simplemente va a mostrarte los pasos que tenés que ajustar y mejorar. Pero salí rápido de ese mundo interno y empezá a trabajar.

No solo te va a hacer mejorar, sino que te va a dar una nota real de vos mismo y, por lo tanto, SEGURIDAD.

La peor característica para ganar seguridad: ser ESCÉPTICO con uno mismo

*ESCEPTICISMO: El término se usó para nombrar a los miembros de la escuela filosófica que "**no afirmaban nada**"; es decir, que se quedaban en reflexión **sin pronunciarse, ni aceptando ni negando**.*

Así como tener una nota sobre vos mismo va a darte seguridad, una característica mortal que va a quitártela es el ESCEPTICISMO.

Los escépticos son aquellas personas a quienes podemos contarles un proyecto o algo que nos entusiasma y que, sin ningún argumento, reaccionan con desconfianza y descreimiento: *No sé, no creo que funcione, lo dudo...* En principio podemos decir que no es muy agradable hablar con gente así, pero el mayor problema es cuando nos hablamos a nosotros mismos de ese modo. Veamos cómo funciona:

Siguiendo la definición de escepticismo, imaginate que tenés una actitud de no afirmar, no aceptar, ni negar nada propio, ¿en qué estado quedarías? Seguramente en uno de incertidumbre total. Y eso es exactamente lo contrario de lo que necesitás para tu seguridad.

El escepticismo mortal es esta condición de "no creo, desconfío, pero ni siquiera digo QUÉ es lo que me hace descreer". Y ese es su ingrediente especialmente mortífero: el de no buscar ni tener intenciones de argumentar por qué se duda o desconfía. Es el descreimiento en sí mismo como un valor a sostener.

Si al hacerte preguntas tales como: *¿Quién soy? ¿Soy capaz de lograr esto? ¿Podré llegar hasta tal lugar?* obtenés siempre como respuesta un escéptico "Mmm, no sé, lo dudo...", la seguridad a lograr es prácticamente nula; pero, otra vez: no por dejarte una mala nota sobre vos mismo, sino por dejarte una respuesta de duda y sin contenido. *¿Qué nota tengo? Mmm, no sé.*

¿Estas respuestas escépticas nos indican que no podemos, que no somos capaces? No, algo peor que eso: nos siembran una duda sin argumentos. Ese es el poder de la mirada escéptica, el de dejar un manto de incertidumbre que genera un clima de amenaza y un cartel que dice "MEJOR NO AVANZAR". ¿Por qué? MEJOR NO AVANZAR. Eso es todo.

Así es como se comporta la mirada escéptica, que puede venir de voces internas o externas, pero que en ambos casos tienen el mismo efecto y deben abordarse del mismo modo: yendo de frente hacia esa "amenaza" para indagar hasta tener respuestas concretas.

» ¿Por qué yo no podría tener ese cargo?

» ¿Por qué yo no sería capaz de generar esos ingresos?

» ¿Por qué yo no podría ganar?

» ¿Por qué yo no podría estar con tal persona?

» ¿Por qué yo no podría lograr ese objetivo?

» ¿Cuál es el argumento que justifica tal opinión?

El escepticismo no se anula con visiones positivas y optimistas sobre uno; esa no es su criptonita. Lo que disuelve el escepticismo es la búsqueda de respuestas y argumentos concretos, sin importar que estos sean negativos, ya que poner en palabras esos argumentos es lo que nos da la posibilidad de aceptarlos o rebatirlos, y así desatragantarnos y lograr seguridad.

3- CÓMO RESOLVER LO QUE ME TIENE ATRAGANTADO

Cómo dar el paso que nos tiene atragantados

¿Qué es en definitiva dar el paso?

Cuando hablamos de DAR EL PASO nos referimos puntualmente a **realizar ese acto que nos va a desatragantar**.

Ese acto puede ser:

1. **Decir** algo que queremos decir.
2. **Hacer** algo que queremos hacer.
3. **Habilitar** algo que queremos habilitar (esta es una opción interna: no hacemos ni decimos nada, pero habilitamos la posibilidad de decirlo o hacerlo).

Cualquiera de las tres opciones da como resultado que evitemos quedar atragantados.

En definitiva, EL PASO es algo que:

1. QUIERO decir o hacer.
2. Pero en caso de no decirlo, hacerlo o habilitarlo voy a quedar atragantado.

Esta segunda condición es importante porque hay muchas cosas que queremos decir o hacer, pero evitarlas **no necesariamente im-**

plica un problema. De hecho, al vivir en sociedad estamos continuamente expuestos a situaciones en las que debemos resignarnos a decir o a hacer algo, pero no por eso necesariamente quedamos atragantados.

Ahora la pregunta es: ¿cuáles son esos pasos que tengo que dar? Y la realidad es que van a variar en cada caso y en cada persona. Porque las cosas que pueden atragantarme a mí, las que me enojan, inhiben o importan son distintas de las tuyas.

¿Cómo descubro qué es lo que puede dejarme atragantado? Nuevamente: conociéndome, empezando a tener registro de cómo me siento con las cosas que me pasan. Es decir, no es grave que UNA situación me deje atragantado. Lo que importa es que pueda detectarlo y registrarlo. Una vez que detecté mis fuentes de atragantamiento empiezo a identificar cuáles son los PASOS que necesito dar.

Para qué dar el paso

Antes de explicar CÓMO dar el paso, hay que entender algo anterior: PARA QUÉ darlo y POR QUÉ sería tan importante hacerlo. Porque muchas veces la reacción típica ante aquello que requiere de un esfuerzo especial es: *¿Para qué tanto problema? ¿Tanto esfuerzo para esto? ¿Realmente vale la pena?* Y ante esas dudas lo que hay que hacer es reforzar y mantener el recordatorio permanente de: SÍ, vale.

No dar el paso no es un pequeño desliz de la vida, algo con lo cual uno pueda ser permisivo y dejar pasar. No es una pequeña circunstancia aislada sin consecuencia. No dar los pasos va construyendo un hábito, el hábito de no animarse. Por el contrario, darlos, tomar decisiones, animarse a avanzar hacia aquello que nos da miedo no es algo reservado para algunos pocos valientes y ambiciosos. No. Es algo que **TODOS tenemos que hacer si aspiramos a tener la vida que queremos** y no una de insatisfacción, atragantada.

Ese es el punto básico del cual tenemos que partir y entender: esas decisiones, grandes o pequeñas, esos pasos que no estamos tomando son los que van contaminando nuestra vida. Entonces, para detectar cuáles son dichos pasos tengo que empezar a "agudizar" mis sentidos con el fin de que dejen de pasar desapercibidos y puedan abordarse a tiempo.

La mayoría de las personas están ya acostumbradas a estar insatisfechas pero desactivaron todas las conexiones de por qué lo están. Podemos decir que cayeron en la máxima expresión de la resignación: estar mal sin siquiera estar interesados en saber por qué.

> **La resignación máxima en la vida es estar mal sin interesarse en saber por qué.**

Entonces, queda claro que darlo es importante para todos, y las consecuencias positivas que trae son básicamente dos:

1. **El placer y el poder de la desinhibición que genera hacer lo que uno quiere.**
2. **Alcanzar nuestros objetivos.**

¿Y cuáles son las razones por las que solemos evitar dar el paso? Básicamente por:

1- Miedo a las consecuencias.

2- No saber cómo hacerlo.

3- Contradicciones y cortocircuitos internos.

4- No saber qué otro paso me está frenando.

Ahora, cuando hablamos de MIEDO a las consecuencias, ¿a qué nos referimos? ¿Miedo a qué?

El listado es grande y puede seguir ampliándose, pero podría resumirse en estas causas:

Miedo a...

» Que algo salga mal.

» Pasar vergüenza.

» Exponerme. No solo por hacerlo mal, sino por mostrar mi deseo. De ahí que esté de moda el "histeriqueo", que es un intento por disimularlo.

» Sufrir por pasarla mal al darlo.

» Que me critiquen.

» Lo desconocido. Como es algo que no hice antes, no sé qué va a pasar o cómo voy a sentirme.

» Ver qué hay del otro lado al atravesar ese punto entre donde estoy y adonde voy.

» Dejar ese miedo (conocido) por el que viene (¿será mejor o peor que el actual?).

» Al duelo de concretar y terminar con ESE tema/desafío. Al actuar, algo se deja atrás: ese tema, una crítica, una cultura. Se cierra una etapa. Aun cuando sea en pos de un bien, eso que dejamos atrás implica un duelo.

» Ser contradictorio. A veces no damos el paso por defender una identidad que creemos que tenemos y con la que no queremos entrar en contradicción. Desde gustos, opiniones, placeres, hobbies, elecciones de pareja o trabajo.

» Cambiar de opinión.

» Creer que dar el paso es algo definitivo o que nos define, que nos deja fijos en una posición. *Si tomo tal decisión, paso a SER eso y no otra cosa.*

Miedo al fracaso

Una de las razones por las cuales no avanzamos tiene que ver con el miedo al fracaso. Y esto es un concepto súper amplio que abarca todo tipo de situaciones: desde el miedo a emprender un negocio por el riesgo a que quiebre, a iniciar una relación por temor a que no funcione, hasta simples situaciones cotidianas tales como el temor a que un amigo se enoje por decirle que nos molestó algo que hizo. Y es importante rescatar aun estas cotidianas ya que son las que más fácilmente pueden pasar desapercibidas.

¿Qué es fracasar?

Cuando hablo de FRACASO me refiero a algo bien puntual: a aquellos momentos en los cuales no di el paso, y no a aquellos en los que las cosas no salieron como quería. Esta última es la definición tradicional con la cual nos educaron desde chicos en el colegio y el trabajo: creer que fracaso es cuando no logramos dicho resultado. Y ESE precisamente es uno de los puntos claves por los cuales no avanzamos; por esa filosofía de vida. Que es la que intentamos erradicar: **equivocarse, no alcanzar un objetivo, no es un fracaso, pero NO dar el paso, sí lo es.**

Es decir, no creo que no exista fracasar; no soy partidario de esa filosofía de que "todo da lo mismo" (como un intento por relajarse, no presionarse y así, supuestamente, disfrutar la vida). Llevar una vida en la que no damos los pasos necesarios es llevar una vida atragantada, y **eso sí es un fracaso**.

Sé que mucha gente dice *equivocarse o no alcanzar un objetivo no significa fracasar;* lo cual no significa que los resultados no tengan ninguna relevancia. En la vida "real" SÍ importan, pero hay algunas cuestiones a tener en cuenta:

1. **Los resultados parciales:** que los resultados que tenga hoy no sean tan exitosos como queremos, no marcan el resultado final, tal como expresa la frase "ganó/perdió la batalla, pero no la guerra". Sin embargo, el que se perfecciona en el hábito de **dar esos pasos** a la larga va a ser el ganador en un sentido amplio (en sentimiento personal y en resultados).

   Hay boxeadores que en los entrenamientos especulan para que no les peguen y así no exponer sus debilidades. ¿Cuál es el resultado parcial? Que tienen entrenamientos "exitosos" ya que logran evitar que los golpeen, pero al momento de la pelea quedan envueltos en una situación que no saben cómo solucionar porque no la entrenaron en las prácticas, con lo cual no pudieron hacerse buenos ni tomar experiencia en esos puntos.

   Los grandes boxeadores, aun en los entrenamientos, se exponen a sus debilidades sin el temor a esos "fracasos" parciales porque saben que lo que importa es llegar preparados a la pelea oficial.

   Pongo un ejemplo personal de éxito parcial: en el colegio fui un alumno que nunca se llevó una materia. Se trata de un resultado al que podríamos llamar exitoso. Pero es un éxito parcial y solo de una etapa. La vida sigue luego del colegio, y de hecho hasta podríamos decir que se viene la etapa más importante. Entonces, la pregunta es: aprobar todas esas materias, ¿fue importante en mi formación para lo que se venía?

La realidad es que ese resultado fue fruto de un motor muy fuerte pero no necesariamente exitoso: el PÁNICO a fracasar (en el sentido clásico de fracaso con el que me formaron). Nunca me informaron que lo verdaderamente importante era ANIMARSE a dar el paso. Y una vez terminado el colegio y la universidad, luego de haber aprobado y haber sido un buen alumno, pude verificar en la práctica (al no tener los resultados que esperaba), que ese resultado parcial inicial no indicaba nada. ¿Por qué? Porque para progresar no necesitás tener un boletín con buenas notas, ser experto, un genio con habilidades excepcionales, ni nada por el estilo; pero sí es necesario que tengas la capacidad de dar ese paso una y otra vez, ya que el juego de darlos es un juego sin fin.

Todo lo que te impida ir una y otra vez por ese paso es el problema madre de tu progreso.

2. **El enfoque** en los resultados es una trampa porque los resultados son un efecto, una consecuencia, no una causa. Con lo cual, en todo caso, lo que es interesante es preguntarnos qué produce esas consecuencias, qué produce esos resultados que buscamos.
    ¿Cuál es la actitud que origina los resultados positivos? Mejor dicho, ¿qué nos acerca a ellos?

    » Confianza

    » Entusiasmo

    » Energía

    » Ganas

» Visión POSITIVA a futuro

» Fe

¿Y cómo consigo todo esto? Dejando de estar atragantado; NO fingiéndome a mí mismo entusiasmo y energía.

Hay gente que vive permanentemente atragantada buscando resultados de forma mágica. Parecen tener treinta kilos de sobrepeso sedentario y, a la vez, estar listos para anotarse ya mismo en la clase más exigente de crossfit. Es decir, saltándose todas las etapas y generando diálogos delirantes con "mentores motivacionales" que promueven el: *Vos tenés que ir por todo. Esa es la mentalidad que necesitás para ser exitoso, ¿Estás hace 20 años como empleado y no te gusta tu trabajo? Renunciá ya y andá por tus sueños!*

¿Cómo terminan estas historias? Con la persona "lesionada"…

3. Y, por último, ¿cuántas personas se hicieron felices producto exclusivamente de sus resultados? La prueba más contundente es que el 100% de las personas infelices tienen también resultados. ¿Por qué? Porque estos son siempre relativos y TODA persona los tiene desde la perspectiva del otro, sea cual sea su circunstancia.

En definitiva

» ¿Querés tener una buena vida, de liberación y plenitud? Enfocate en dar los pasos que te tienen atragantado.

» ¿Querés tener la actitud que se necesita para ir a buscar los resultados que querés? Enfocate en dar los pasos que te tienen atragantado.

» ¿Querés lograr tus metas? Enfocate en dar los pasos que te tienen atragantado.

Por lo tanto, no estar al menos buscando la forma de darlos es lo que realmente podemos llamar FRACASO.

Esto no quiere decir que uno tenga que convertirse en un obsesivo desesperado por dar cada paso que le aparezca (lo cual resultaría en una postura más enfermiza que positiva), sino que debería tomarse como un norte saludable el procurar detectar esos pasos, sin importar si YA MISMO hay que darlos, para al menos dejar planteada la pregunta acerca de cómo abordarlos/resolverlos. Es decir, el norte es emprender esta búsqueda, ya que una vez que la pregunta es clara, las respuestas van a ir apareciendo.

Tengamos en cuenta que venimos de una formación tradicional que durante años nos llevó por otro camino; por eso, la velocidad con la cual hagamos estos ajustes no es lo importante, sino más bien la conciencia de la necesidad de un cambio de rumbo, que ya en sí va a representar un gran avance.

"No se puede cambiar de destino de la noche a la mañana, pero sí de rumbo" dice **Jim Rohn.** Eso es lo que estamos haciendo.

Nuestra formación tradicional

Tanto el colegio, como la Facultad y los trabajos tienen un modelo de formación que no solo no nos da las herramientas para crecer, sino que NOS FORMATEA PARA NO DARLOS.

La Facultad nos engaña con su apariencia y nos hace creer que allí ya estamos dentro del mundo adulto, en donde el desempeño que obtengamos va a determinar algo de nuestro progreso futuro, para luego descubrir que quienes progresan son aquellos que desarrollaron o tenían desde antes de cursar la universidad OTRO tipo de habilidades. Las necesarias para poder avanzar (y que nada tienen que ver con la formación técnica que se estudia). ¿Algunas de esas habilidades? Perder el miedo a hablar en público, aprender a AU-

TO-AVALARSE (sin la necesidad de que un profesor me ponga una nota y el sello de que "yo sé", o de que un jefe me felicite o me dé un ascenso por SU consideración). Lo que nos deja esa formación es una desesperada búsqueda por encontrar a esos personajes que aprueban y autorizan. Y es lógico y esperable, ya que desde chiquitos fuimos educados (y "engañados") con la creencia de que siempre va a haber un maestro, jefe, padre (muy preocupado, ocupado e interesado por nuestro futuro) que va a ir guiándonos por el camino que nos conviene. De ahí que luego venga la gran sorpresa, para los "alumnos aplicados de la vida", de que se les pasa el tiempo sin los resultados ni el crecimiento que esperaban de acuerdo a su "potencial" inicial.

Consecuencias de no dar el paso

» Insatisfacción, malestar, mal humor.

» Imposibilidad de avanzar hacia donde queremos estar y para lograr todo lo que podríamos.

» Consolidación de nuestras creencias negativas, ya que *cuando menos hago, cuantos menos pasos doy, más instalo la convicción de que "NO SE PUEDE".*

Qué opciones tenemos al momento de dar un paso

Ya sabemos que es muy importante darlo y también sabemos que no solemos hacerlo por miedo. Ahora veamos cuáles son las opciones que tenemos:

1. No darnos cuenta de que estamos ante un momento en el que hay que darlo, y entonces no darlo por creer que esa tensión o estrés poco placentero es señal de que no nos gusta lo que hay ahí.

2. Registrar que se trata de un momento de decisión, pero decidir no darlo: *No me animo, no puedo, no sé cómo hacerlo.*

3. Amagar a darlo pero no darlo nunca.

4. Darlo a la fuerza (mía o de otro). Esto puede funcionar de acuerdo a mi personalidad. El famoso "mandarse" y restar suspenso y miedo a la situación. Pero también tiene un riesgo, que es el de pasarla tan mal al hacer algo a la fuerza que prefiramos no volver a probar algo semejante.

5. **PREPARARNOS** y **FORMARNOS**, así como estamos haciendo ahora, para dar todos los pasos que tengamos que dar y conseguir lo que queremos.

Cómo me preparo

Ya sé que es importante darlo, ya sé que no suelo hacerlo por miedo, y que para lograrlo necesito prepararme. Veamos ahora cuáles serían los puntos a seguir para lograrlo:

1. **Escuchar esos miedos**. Esto es algo que la mayoría no intenta, ya que prefiere silenciarlos con la ilusión de hacerlos desaparecer. La única forma de tratar un miedo es respetarlo, darle lugar y validarlo, ya que eso es lo que lo hace "hablar" y nos acerca a entender cuál es la amenaza que busca evitar.

2. **Entender que no se trata de un problema genético**. Con esto quiero decir que no tengo que morir y volver a nacer para empezar a darlos. Solo necesitamos información e instrucciones. No se trata de habilidades innatas solo para unos elegidos.

3. **Dar respuesta a esos miedos**. La verdadera forma en que se muestra respeto y escucha a los miedos es ofreciéndoles respuestas y soluciones. Esos miedos son válidos y son preguntas a resolver.

4. **Aprender las instrucciones a seguir para dar los pasos**.

Y, por último, un punto tener en cuenta es prestar atención a tu ENTORNO porque existen dos potenciales problemas con las personas que nos rodean a la hora de dar el paso.

El primero es que la mayoría generalmente NO lo da. Con lo cual, lo más probable es que tu entorno esté integrado por personas con esas características. ¿A qué va a llevarte esto? A hacer cosas parecidas a ellos, ni más ni menos.

OK, no quiero repetir lo mismo que hace mi entorno, pero tampoco quiero estar aislado y solo. Si no los tomo de referencia a ellos ¿a quién le pido guía? No hace falta que dejes de ver a tus amigos actuales si son de aquellos que promueven la burla y la inhibición ante el progreso de uno, PERO... tiene que transformarse en un mantra diario el: NO LOS ESCUCHES NI SIGAS SU CAMINO.

Entonces ¿a quién le pido guía? ¡A todos aquellos que lo promueven! Al tratarse de algo nuevo, seguramente vayas a tener que construir ese entorno.

En tanto, mientras vas viendo cómo construirlo, podés dejarte guiar y acompañar por libros y audios de desarrollo personal. ¿Dos libros excelentes para incentivarnos a avanzar desde diferentes perspectivas? "La regla de oro de los negocios" [3] y *"Tráguese ese Sapo"*.[4]

El segundo potencial problema es que las personas a quienes respeto y admiro funcionen como un límite y un obstáculo que me resulte difícil superar. Es decir que, producto de la admiración (y hasta cierta idealización) que haya generado sobre mi entorno, se me genere un límite mental con el argumento (no del todo consciente) del estilo *Si él, que es un groso, no pudo llegar hasta tal lugar, menos voy a poder yo. ¿A quién se le ocurre que yo sí?*

---

3 Grant Cardone, autor estadounidense. Es uno de los más grandes emprendedores, vendedores y coach de negocios de los últimos tiempos.

4 Brian Tracy, autor canadiense, empresario, orador motivacional, escritor de ventas y desarrollo personal.

Y así como puede funcionar de inspiración el ejemplo: *Si él pudo, yo también*, en estos casos se ve el mismo mecanismo pero a la inversa: *Si él no pudo, yo tampoco*. Cuando en realidad sabemos que esta comparación (tanto en un sentido como en el otro) nunca tiene un real fundamento ya que cada uno viene de mundos, historias y experiencias diferentes, con limitaciones personales que desconocemos. De modo que *si él no pudo*, será por alguna de sus tantas variables internas que no tienen por qué tener relación con nuestra historia. Entonces, así como tener un entorno inspirador nos sirve para avanzar (al ser fuente de admiración y respeto), también puede jugar un rol de freno, de límite que termine inspirándonos a lo contrario: a no vencer un cierto nivel de crecimiento.

¿Cuál es la solución? Abrirse al mundo y esquivar el "tope" que puede generar el entorno. En todos los ámbitos existen quienes están un paso adelante: tienen más materias aprobadas en la facultad, están un año avanzados en el colegio, tienen más edad, un cargo jerárquico mayor, más dinero, etc.. Y eso fácilmente puede generar lo que John Maxwell denomina la Ley de Tope; es decir, una traba del estilo: *"Si él está ahí, yo nunca voy a lograr alcanzar más que eso"*.

La única forma de salir es abriéndose al mundo, a otros grupos, otros espacios, conocer más gente y encontrar aquellos ejemplos que sí pasaron ese límite (y que tal vez hasta eran menos "especiales" que nuestro referente, al menos para nuestros ojos).

Por dónde empezar

La mejor forma de empezar a abordar este tema es a través de situaciones que cuestan pero que son indiscutiblemente POSIBLES de hacer. Esto es lo que se llaman situaciones simples: no son fáciles pero PODEMOS hacerlas. Entonces tenemos que empezar a rastrearlas para no dejarlas pasar y de esa forma ir adquiriendo el hábito de abordarlas.

¿Algunos ejemplos de esas simples y cotidianas situaciones en donde dar el paso?

» Adquirir el hábito de preguntar y levantar la mano en el ámbito en el que estemos, ¡y lo antes posible!

» Entrar a una reunión y saludar a la mayor cantidad de gente posible. Hacer un comentario lo antes posible. Hacer una pregunta lo antes posible.

» Adquirir el hábito de poner en palabras lo que siento y lo que me pasa en el momento.

Como podés ver, todos estos pasos son simples, pero a su vez presentan cierta dificultad/resistencia (vale aclarar que los ejemplos que presentan dificultad varían según la persona ya que las fuentes de atragantamiento difieren en cada caso). Y esto no es casual, ya que DAR EL PASO implica atravesar un límite, dar un salto. Como decíamos al comienzo, es *realizar ese acto que va a desatragantarnos,* con lo cual es lógico y esperable que cueste (sino no sería una situación capaz de atragantarnos).

Otra estrategia posible para empezar es la de reducir los grandes objetivos (esos que nos presentan mucha dificultad) a pequeños y fáciles, de forma tal que no generen resistencia. Esto es lo que propone la filosofía oriental KAIZEN. Por ejemplo, empezar una dieta haciendo mínimos y hasta imperceptibles cambios en nuestra alimentación diaria con la intención de ir generando modificaciones sin que ellos despierten algún tipo de abstinencia alimentaria. Es decir, en esta estrategia no necesariamente atravesamos un límite, sino más bien que lo que hacemos es "diluirlos" de forma tal que podamos avanzar sin encontrarnos con una fuerte resistencia. De todas maneras siempre va a aparecer el momento en que necesitemos dar el salto ya que, aun reduciendo un gran objetivo a varios pequeños, existe un límite simbólico que va a requerir un esfuerzo especial.

Recuerdo cuando estaba a punto de recibirme en la Facultad, había planeado dejar las tres materias más sencillas para el último cuatrimestre, creyendo que de ese modo sería más fácil atravesar esa instancia. Pero claro, ese "truco" no tuvo mucho efecto, ya que el problema no era el nivel de dificultad técnica de las materias, sino más bien el gran salto simbólico que representaba el hecho de convertirme en psicólogo. El final de la historia fue que ese cuatrimestre, aun con las tres materias más fáciles de la carrera, resultó ser el más complejo.

A veces no lo damos porque ese paso es demasiado grande

¿Y qué sería demasiado grande? Uno que implique una pelea, una gran decisión, algo que va a tener una consecuencia importante o, al menos, esa es la expectativa (sea esto efectivamente cierto o simplemente una sensación).

Por ejemplo, si voy a pedir la palabra y tengo la expectativa de que todos van a quedar con la boca abierta a raíz de la genialidad o barbaridad que diga, es lógico que en ese escenario me resulte difícil hablar.

Estoy escribiendo este libro y claro que mi expectativa es que funcione, guste, se venda, etc. Pero si ante cada palabra que escribo pienso en cómo va a transformar la historia de los libros, en este mismo instante se me paralizarían los dedos y se bloquearía mi mente.

Una buena forma de abordar estas grandes situaciones es primero identificando lo que nos está frenando (aquello que nos genera cierto "cortocircuito"), y luego reducir su expectativa. No con la intención de desvalorizar ni subestimar la situación, sino más bien de mantener presente la perspectiva de que en todo caso lo que va a construirnos grandes logros (o al menos lo que queremos) es la ACUMULACIÓN de acciones, y no alguna aislada "genialidad". Para ejemplificar: mi jefe no va a darme un ascenso por UNA intervención maravillosa sino por estar regularmente comprometido en lo que digo y hago en el trabajo.

Qué NO es dar el paso

Hay que tener cuidado con confundir el desafiar y afrontar cada situación que se nos presenta con **dar el paso.** Hay algunas que generan incomodidad/duda/temor o simplemente no son de nuestro interés y ante las cuales lo que único que necesitamos hacer es alejarnos. Por el contrario, afrontarlas como un modo dar pruebas de que PODEMOS hacerlo no es dar el paso, sino más bien lo opuesto.

Este tipo de acciones tienen como propósito el autoafirmarnos y marcar una posición con uno mismo. Y eso NO es dar el paso, porque no hay allí necesariamente una habilitación a expresar lo que se siente, sino más bien una intención a desafiar esa voz que dice que no vamos a ser capaces de hacerlo. Y la verdadera libertad y desatragantamiento se da cuando elegimos decir o hacer sin tomar a ese "otro", que nos puede estar desafiando, como referencia.

Es decir, aquellos actos que tienen como principal motivación la rebeldía, más que el propio deseo, no entran en la categoría de "dar el paso". Pueden ser actos valientes, pero no por ello van a desatragantarnos. De hecho, hasta pueden atragantarnos más aun, ya que todo acto "dedicado a otro" NECESITA de su reconocimiento y, en caso de no producirse, genera mayor frustración.

Cómo sé si estoy listo

No soy de los que piensan que se aprende a boxear recibiendo golpes, sino más bien con instrucción y práctica. Por supuesto que en ese proceso van a recibirse algunos (que, claro, pueden tener algún valor formativo), pero no son ellos los que instruyen. **Lo que instruye es, justamente, el entrenamiento en sí mismo.**

Lo mismo sucede en relación a cualquier tipo de circunstancia. Ir a afrontarla sin preparación porque *la dura experiencia es formativa* no parece ser la filosofía que más aliente al progreso. Y estoy convencido de que *mata más soldados de los que fortalece.* Es por eso que creo que SÍ es necesario prepararse, pero no al modo en el que siempre quisieron convencernos:

Para manejar un auto en la calle primero necesitás años de práctica.

Para atender pacientes antes necesitás años de experiencia.

Para ese cargo necesitás saber de TODOS los temas.

Y la lista continúa...

Esto no es cierto y además llega a provocar paradojas del estilo de que para hacer algo primero necesitamos ya haberlo hecho antes...

Entonces, ¿cómo sabemos cuándo estamos listos?

Claro que vamos a necesitar algún tipo de preparación técnica para lo que queramos hacer, pero visto únicamente desde esta perspectiva (técnica) podemos caer en una carrera sin fin en la cual nunca lleguemos a "estar listos".

La preparación que nos va permitir adquirir experiencia, avanzar, y no quedar detenidos en el tiempo es la de aprender a dar los pasos.

¿Ahí vamos a ser una versión perfecta? No, vamos aun así a recibir golpes, pero estaremos en condiciones de "subirnos al ring".

Cómo resolver lo que me tiene ATRAGANTADO, ¿qué puedo hacer para dejar de estarlo?

1. Eliminar o reducir las posibilidades de quedar envuelto en esa situación.

2. Encontrar nuevas opciones a las ya disponibles.

3. Reconciliarme con una de las opciones: aceptar su aspecto negativo como parte de la única realidad posible. Cuando entiendo que lo que quiero no es posible, deja de ser una opción bloqueada que me atraganta. Pasa a convertirse sencillamente en parte del escenario, que a veces puede no ser exactamente como queremos.

4. Poniendo en contexto. Reduciendo la importancia de la situación al punto de que sea casi irrelevante la opción que tome. ¿Cómo lo logro? Ampliando la pantalla: viendo el contexto más grande, esa situación pierde relevancia.

5. Encontrar la VERDADERA causa de lo que me atraganta. ¿Cómo sé si lo que me atraganta tiene que ver o no con el tema en cuestión? Una pista: si el nivel de intensidad de la emoción que me genera no tiene proporción con la situación, o si la frecuencia de situaciones que me atragantan es alta, tengo que buscar por otro lado la verdadera causa.

Por qué nos cuesta hablar

Sabemos que lo que nos va a desatragantar de muchas situaciones es sencillamente HABLAR. Pero si no lo hacemos, aun sabiendo que se trata del camino correcto, es porque claramente existe un problema: y es que no nos gusta hacer aquello para lo que no somos buenos. Sí, la respuesta es que no somos buenos para hablar y por eso evitamos hacerlo.

Pero yo tengo mucho vocabulario y sé hablar muy bien. El "saber hablar" para desatragantarse no tiene que ver con el nivel intelectual o cultural, sino más bien con la habilidad de saber expresar exactamente lo que nos pasa.

Entonces, ¿cómo aprendo a hablar? El primer paso es quitarse las ideas erróneas, que nos instalaron, acerca de lo que realmente supone saber hablar.

Una primer idea errónea es creer que el camino correcto es aprender a decir frases y respuestas contundentes, filosas y rápidas en el momento indicado. *¡¡No sabés la frase que le tiré!! ¡Lo maté, se quedó helado!* Esa sería tal vez la fantasía de una escena ideal para desatragantarse. Y no solo no es cierto sino que además genera frustración por sentir que uno nunca va a lograrlo (lo cual hace que ni siquiera intente emprender esa búsqueda).

Otra idea errónea respecto a saber hablar es creer que hay que apuntar a enunciar conclusiones contundentes y definitivas al estilo de los medios (los grandes titulares), con razonamientos de lógica blanco/negro, bueno/malo, ya que eso aparentaría tener convicción, fuerza y carácter.

Aprender a hablar es ir hacia algo mucho más aburrido, es ir hacia el camino contrario al que nuestra cultura nos enseña. De hecho ese estilo instalado es uno de los grandes responsables de atragantarnos, ya que nos incita a opciones tan complejas, confrontativas y tan poco adecuadas que terminamos por quedarnos callados.

Aprender a hablar implica, primero que nada, empezar a entender y discriminar lo que nos pasa y lo que queremos expresar. Es decir, ser cada vez más agudos y precisos al respecto. Daniel Goleman habla de "alfabetización emocional" como el proceso de empezar a identificar cada vez con mayor claridad nuestras emociones al experimentarlas. Esto nos acerca a aprender a nombrarlas.

¿Un ejemplo de una de las más básicas? *Tengo hambre y me pongo de mal humor. Si te hablo irritado te pido disculpas: ¡es por el hambre que tengo!* Conocer nuestros instintos básicos sería el primer paso de autoconocimiento y habilidad de expresión.

Una famosa recomendación de Jim Rohn como devolución ante algo que nos molestó es: "Te amo, pero odio lo que estás haciendo". Y ¿qué vemos ahí? La capacidad de discriminar las distintas emociones, ordenándolas y siendo precisos al hablar y, en consecuencia, generando mucha mejor recepción que si uno simplemente emite una queja. Entonces, aprender a hablar tiene que ver básicamente con saber identificar lo que nos pasa y empezar a tener un abanico de opciones para describirlo cada vez más específicamente. Si cuando voy a un restaurante lo único que sé distinguir a la hora de hacer un pedido es si quiero algo dulce o salado es poco probable que el pedido que me traigan resulte exactamente a mi gusto.

Pero para no caer en la exigencia de que para hablar HAY QUE hacerlo bien, vayamos por la premisa básica: **para empezar a desatragantarse hay que sencillamente ¡EMPEZAR a hablar!** Independientemente de la calidad inicial con la que lo hagamos. Y claro, lo más probable es que no resulte ideal todo lo que empecemos a hacer sin tener el hábito. Pero ya el hecho de comenzar a hablar va a producir el efecto deseado. Ahora, ¿hay gente que habla sin parar pero aun así vive atragantada? Claro que sí. Pero esto no es una contradicción, sucede porque son personas que hablan mucho, como una radio encendida que tapa la angustia de lo que la tiene atragantada (sí, hay veces en las que hablar puede jugar el mismo rol que dejar la TV prendida; es decir, como un entretenimiento que nos distrae de lo que nos inquieta). Entonces claro, para que el hablar cumpla la función que queremos, tenemos que poder nombrar lo que nos tiene atragantados.

Algunas cuestiones a tener en cuenta cuando hablamos

Hay que tener presente que, mientras se habla, hay varios diálogos simultáneos: el que tiene que ver con el tema en sí mismo y el que tiene que ver con la relación con el otro. Y de hecho muchas veces lo que tiene más peso es la relación.

Me pongo a hablar de fútbol con un amigo y, de golpe, estamos elevando el tono de voz por si fue falta o no una jugada en un partido.

En ese momento la pregunta que tengo que hacerme y, de hecho puedo explicitarlo, es: ¿discutimos la falta o tenemos cosas pendientes atragantadas sin hablar?

Todo lo que apunte a ir poniendo sobre la mesa y en evidencia lo que está sucediendo en esa escena va clarificando y, principalmente, desatragantando.

Desatragantar no es solucionar una situación, sino expresarla. Por eso tenemos que quitarnos la presión y la exigencia de contar con soluciones mágicas para situaciones que ni siquiera tenemos idea de cómo mejorarlas. Acá no estamos hablando de tener una vida perfecta en donde todo tiene un final ideal, sino un final sin atragantamiento. Uno no deja de dormir por tener situaciones que no le gustan, sino por tener temas pendientes y atragantados.

> Desatragantarse no implica solucionar una situación, sino expresarla.

Más situaciones que nos dejan atragantados

1- Atragantamiento por sentir que la reacción nunca es suficiente:

Podemos ver esto muy claramente en situaciones de fuertes discusiones en las cuales el que agrede, a pesar de tener al otro "en el piso", aun le sigue "pegando". Para el que mira desde afuera esto es ridículo, injustificado y falto de piedad, pero para el protagonista, en su percepción, el otro todavía no tuvo suficiente. Así es como llegamos a ver casos extremos.

Entonces, ¿dónde aparece el atragantamiento? Cuando reaccionamos ante una situación pero, al revisarla una vez que sucedió, sentimos que no fue suficiente, que deberíamos haber hecho más.

2- Atragantamiento por no reacción:

Tenía dieciséis años e iba en el subte, lleno en horario pico. Volvía del colegio a las 18 horas, como todos los días y, como todos los días también, el subte iba totalmente colapsado. Todos amontonados, en un escenario en el que costaba identificar qué parte pertenecía a mi cuerpo, cuál al de otros, a cartera o mochilas.

En medio de ese contexto de confusión e incomodidad (pero también ya de costumbre) bajan algunos en una estación y, sin vaciarse ni mucho menos, llega a generarse cierto espacio mínimo entre las personas, lo cual ya permitía identificar a qué se debían los contactos que podías sentir. Es en ese momento cuando miro para abajo y veo que un señor grande me está acariciando la pierna con los dedos. Entonces hago un movimiento brusco, me muevo, pero sin decir una sola palabra. Listo. Suficiente como para que veinticinco años más tarde recuerde y esté contando esta anécdota.

¿Qué fue lo que pasó? Revisando la situación, en ese momento sentía que ya tenía edad física y emocional para responder, pero sin embargo no lo hice. Claro que volví a mi casa y no se lo conté a nadie. Nadie en ese subte se enteró de lo que pasó y en mi casa tampoco.

Años más tarde, a mis treinta, trabajaba en una oficina como empleado público. Un día, luego de estar ausente por enfermedad y siguiendo el protocolo para justificar las ausencias, voy al departamento médico a presentar los certificados. Una vez ahí el médico completa los papeles, un simple trámite administrativo, y antes de irme empieza a hacerme preguntas "médicas" e insistentes para saber si, producto de la gripe, no me había salido un sarpullido en la zona genital. Entre mi ignorancia médica y la descolocación de la escena trataba de descifrar lo que estaba pasando. Entonces me dice "vení para acá " y me hace pasar a una sala y cierra la puerta: "a ver, mostrame". Se puso insistente en que le mostrara y yo me puse insistente en que no, hasta que me fui.

Nuevamente, al salir, me sentí pésimamente mal por lo que había pasado y por mi reacción (¡¡¡y ya con treinta años!!!).

Pero pude hacer algo diferente: llegué a la oficina y, en lugar de guardarme "nuestro secretito cómplice" con el médico pervertido, se lo conté a todos mis compañeros y autoridades, amigos y familia.

Ahora me preguntás: ¿se "solucionó" algo por haberlo contado? Sí y no. Técnicamente no, no pasó nada (de hecho siguió trabajando lo más bien el médico). Pero en términos de atragantamiento logré el objetivo. Es cierto que pasé una situación desagradable, pero eso es otra cosa.

3- Atragantantamiento por sobrerreacción:

¿Qué es esto? ¿Acaso no nos atraganta lo que dejamos de hacer? ¿Cómo puede ser que me atragante algo que haga en exceso? No, lo que nos atraganta tiene que ver con lo que no se AJUSTA a lo que queremos hacer o decir. Por eso, en aquellas situaciones en las cuales reaccionamos en exceso, lo que sucede no es que hay un "súper desatragantamiento" sino una reacción que NO es acorde a la situación. Esto sucede cuando uno responde de un modo en el que "se supone que hay que responder" y después se queda mal porque no cra lo que realmente quería. Estas reacciones impuestas tienen que ver con los mandatos. Una voz interna que dice "Vos TENÉS que reaccionar así".

Recuerdo que cuando tenía dieciocho conocí a una chica y, después de algunas salidas, quedamos en que la siguiente cita sería en un shopping cerca de nuestras casas días más tarde (estoy hablando del año 1998 cuando no existía celular ni reconfirmación segundo a segundo. Se agendaba y listo).

La cuestión es que, llegado el día, voy a la hora y al lugar en el que habíamos quedado pero ella nunca apareció. Intenté comunicarme pero tampoco pude. Esto fue por la tarde. Ese mismo día por la noche finalmente ella me llama y me da cierta explicación (que no sé cuánto creí y cuánto no), y me pide disculpas insistentemente, al punto que para mí eran suficientes y, de hecho, ya habían logrado que se me pasara el enojo. Sin embargo, nunca más la vi en mi vida. ¿Qué pasó? Así de insistente se puso ella en pedir disculpas, así de insistente me puse yo en decir que era inadmisible lo que había pasado hasta que corté el teléfono.

Pero ¿quién estaba hablando ahí? ¿A quién le parecía inadmisible?, ¿a mí o a mis mandatos? Claramente a mí no pero, aun así, reaccioné de ese modo. Si yo no quería decir eso, ¿por qué lo hacía? No estaba reaccionando como quería y me quedé totalmente atragantado por desconocer otras alternativas.

¿Dónde aparecen las opciones? Como decía: conociéndote, aprendiendo a hablar y aprendiendo a expresar exactamente lo que te pasa y lo que querés.

4- Atragantamiento por búsqueda de justicia:

Algo que nos puede dejar atragantados es la necesidad de "ajusticiar". Sentir que alguien que tuvo una actitud que no me gustó o no me hizo bien, necesita una respuesta o reacción de mi parte que lo "eduque" o que le haga modificar su comportamiento.

"No puede ser que este ande así por la vida y nadie lo aleccione".

Claro que cada uno puede elegir cómo reaccionar o responder ante un comportamiento que no le gustó. El problema es cuando la motivación se genera por la NECESIDAD de intervenir, *porque nadie en esta vida lo está haciendo*. Y en este sentido hay que tener algo en claro: todas las personas están "ajusticiadas". ¿Qué significa esto? *Que todos hemos recibido una devolución sobre cómo somos, ya sea desde nuestro entorno o a partir de situaciones en las que estuvimos involucrados.*

El que tiene una actitud soberbia, el que maltrata, el que se enoja por cualquier cosa, el que miente, no es alguien que "se está llevando la vida por delante". Si ya no es un niño, se trata de alguien que ya debe de haberse encontrado con infinidad de respuestas desagradables, maltratos y malas actitudes de gente con la que se haya cruzado anteriormente. ¿Por qué entonces seguirían comportándose así? Porque es la única forma que conocen, pero no porque necesiten que sea uno quien vaya a ajusticiar y a educarlo.

Si tu inquietud es que tenga un espejo negativo de respuestas en su vida, quedate tranquilo, porque sucedió y va a seguir sucediendo mientras decida comportarse de ese modo. Esto no es justicia divina, ni tiene que ver con un equilibrio del universo, es simplemente ESTADÍSTICA. La persona que se comporta de un modo socialmente rechazable, recurrentemente va a encontrarse con personas en esa misma sintonía con ganas de "devolverles" lo que hacen. Mi sugerencia es no cumplir ese rol justiciero.

Cómo responder ante situaciones cotidianas (que nos dejan atragantados)

Decíamos que una de las grandes fuentes de atragantamiento son las situaciones pequeñas y cotidianas. Situaciones aparentemente intrascendentes, al punto de que a veces ni siquiera califican para una anécdota (*mi compañero del trabajo me dejó sus papeles un poco encima de mi escritorio, me lo hace siempre, lo quiero matar*). Pero ¿por qué si son tan pequeñas son capaces de convertirse en una gran fuente de atragantamiento? Porque justamente, al ser pequeñas, se las subestima, se las toma como intrascendentes y no se tratan con la dedicación necesaria. *¿Para esa pavada me voy a preparar?*, aunque luego te des cuenta de que esa pavada va colaborando en ese cúmulo de situaciones que envenenaron tu ambiente de trabajo, tu casa, tus relaciones, tu humor, tu día.

Si esas situaciones están dejándote atragantado es porque por el momento no sabés cómo responder, o porque sentís que no tenés los reflejos para actuar de manera espontánea acorde a lo que te gustaría decir. Entonces necesitás pensar en frío, fuera de la situación, para ver qué es lo que querés hacer cuando se presenten.

A priori uno cree que se trata de tantas situaciones que sería imposible preverlas a todas cuando, en verdad, no son tantas. Eso justamente tiene que ver con conocerse y verificar que (a pesar de que duela en nuestro orgullo) son casi siempre las mismas piedras las que hacen que tropecemos, nos quejemos, suframos y nos atragantemos.

Entonces, lo que necesitamos es un protocolo, ideas ya resueltas de qué "botón apretar" cuando se presenten, y no dejar todo a cargo de nuestra pobre espontaneidad del momento.

Vamos a ver algunas cuestiones a tener en cuenta:

1. Lo primero que hay que entender es que nos privamos de hablar porque las opciones que tenemos a mano para reaccionar son (o creemos que son) demasiado grandes, fuertes y pesadas. "¡Cómo voy a decirle eso!". De manera que ahí aparecen dos opciones: crear una nueva que no sea tan fuerte, y/o darme cuenta de que no es tan fuerte lo que tengo para decir y entonces perder el miedo a esa reacción (no tan terrible como creo).

   En ambos casos lo que estoy intentando lograr es reducir el peso de la reacción para poder utilizarla a mi favor.

Entonces, para fijar la idea: **si quiero tener disponible cierto tipo de reacción, esta no puede ser tan grande o pesada, porque entonces será difícil que la use.**

2. Una de las formas de reducir el peso es siempre **presuponer de manera positiva**. Pensar que lo que dijo o hizo la otra persona fue con la mejor intención y sin ningún fin de molestarnos.

Esto emocionalmente te va a permitir que respondas algo más liviano y con mayor claridad.

Ahora bien, lo más probable es que esto no te salga naturalmente; pero realizando el ejercicio intelectual de "qué le respondería si pensara que lo hizo con buena intención", encontrarás una pista de por dónde puede ir la respuesta.

3. **Presuponer que el otro es el que tiene un problema**:

Tenemos la tendencia a pensar de forma un poco paranoica; algunos más que otros, pero todos tenemos un pie sobre esa tendencia. Y eso hace que supongamos que todo lo que nos dicen o hacen está ESPECIALMENTE dedicado a nosotros. Como si las personas estuvieran a solas en su intimidad dedicándonos su tiempo de pensamiento y planificación. Con esto no quiero ir hacia un espíritu, políticamente correcto y falso, al pensar que la gente no tiene envidia, pensamientos negativos ni nada por el estilo. ¡Por supuesto que sí! Pero la realidad es que están enfocadas en sí mismas. Y de hecho esa tendencia paranoica tiene justamente que ver con que *No solo yo pienso en mí, sino que los demás también están muy preocupados pensando en mí.*

Lo que hacen o dicen está concebido esencialmente desde sus propios problemas, sufrimientos, y ocupaciones mentales, no desde las nuestras.

Entonces, nuevamente: ¿nadie nunca se pone a hablar mal de otros en su ausencia, no piensa negativamente o con envidia sobre otros? Claro que sí, claro que eso ocurre. Solo que:

» Pasa mucho menos de lo que creemos puntualmente (cada uno tiene muchas personas en su vida en las que pensar).

» Para ellos es mucho más intrascendente de lo que creés. ¿O nunca criticaste o hablaste mal de alguien que no estaba presente en esa reunión y sin embargo no era un tema que te importara realmente? A la mayoría le pasa lo mismo. Esos pensamientos o comentarios están mucho más cerca de ser un entretenimiento pasajero por no saber de qué hablar, que de funcionar como algo profundo.

» Por último, si es con intensidad (negativa) lo que nos hacen o dicen aplica el famoso "Lo que Pablo dice de Juan habla más de Pablo que de Juan". Si alguien se pone intenso, insistente respecto de nosotros, tené la certeza de que no está preocupado o interesado en lo nuestro, sino en algo personal. En todo caso está reaccionando y cuidando su propio Ego, y no intentando agredir al tuyo. Nadie está preocupado por tus proyectos, tu estilo de vida o futuro. Si algo de lo tuyo aporta material de opinión, interés o crítica, tiene que ver con lo que repercute o toca en ellos. Es decir, nuevamente, no se trata de vos. Las personas siempre están enfocadas en SU "mambo".

Pensar así y tener clara esta perspectiva nos hace actuar con mucha menos carga, menos reactivamente y, por sobre todas las cosas, bajo condiciones más livianas. Nos habilita a actuar.

Alguien te contesta mal y te enterás de que acaba de tener un tremendo problema o discusión y esa es la razón por la cual te habló de ese modo, ¿esto no te tranquiliza y ayuda a que lo veas como algo menos personal? Claro que sí, porque te queda muy claro que no tiene que ver con vos. Y en definitiva, te enteres o no, siempre es así.

Un amigo te pregunta continuamente por lo que hiciste, por lo que te compraste, por lo que ganaste o dejaste de ganar, y te sentís observado, evaluado y te enoja porque es un envidioso, un competitivo y no sé cuántas cosas más. Ahora bien, ¿en serio creés que está preocupado por vos? Por supuesto que no. Ahí hay algo más que lo preocupa o angustia y está buscando por distintos medios calmar esa preocupación o angustia. La SUYA, no la tuya.

4. Enfocar en la situación y no en la persona:

Cuanto más claro quede el porqué decís lo que decís, más claro queda también que no es algo personal lo que molesta o lo que querés decir y te tiene atragantado. El hecho de que sea un comentario acerca de una situación y no de una persona, hace esas palabras más livianas. Hablar sobre lo mal que te cae alguien es lógicamente algo pesado.

5. Usar el humor:

Este es otro elemento que ayuda a alivianar las reacciones. Y funciona muy bien. El PERO respecto del uso del humor es que no se trate en realidad de un "puñal" disfrazado de humor. Claro que eso no va a funcionar. Es decir, va a funcionar en tanto y en cuanto sea para aliviar, no para apuñalar a alguien con la ilusa idea de irse con la mano limpia de sangre. Si querés conflicto, vas a tener conflicto. No hay forma de tener un conflicto libre de tensión más allá de los trucos de comunicación que uno quiera inventar.

¿Cuándo NO USAR EL HUMOR? Cuando existe tensión y problemas pendientes, sin resolver, sin hablar con el otro. Si ese es el caso, lo que está atragantado y pendiente de ser expresado es lo que verdaderamente ocurre en la relación.

Volviendo al ejemplo del compañero que dejó sus papeles en mi escritorio o que lo usó de basurero: si tengo una relación tensa con él, lo que debo buscar no es la forma de decirle que no deje esos papeles ahí. Lo que está pendiente y atragantado es conversar acerca de la relación. Por más que uno hable de manera respetuosa, lógica y con humor, en cualquier caso ese diálogo va a terminar en problemas. Porque lo que está atragantado ahí no es la situación, sino la relación. Y es eso lo que hay que abordar. Sin buscar eludir el tema con humor.

¿Y qué pasa si, producto de marcarle algo al otro, dejo de estar atragantado por decir lo que quería, pero a partir de esa reacción habilito a que el otro me responda y contraataque con algo que también tenía para señalarme?

Algo así como que yo le marqué algo pero, al hacerlo, habilité que él me dijera también lo que tenía para señalarme. ¡Perfecto! Eso es lo que en realidad querés: que se habiliten esos diálogos. Entonces acá van las respuestas que podés dar ante el contraataque:

» *Ah, ¡pero te lo tenías guardado!*

» *Pero, ¿por qué nunca me lo dijiste?*

» *¡Me tenés que decir esas cosas! No sabía.*

» *¿Querés simplemente contraatacarme o realmente deseás decirme algo?*

Esto explicita y deja en claro que la intención no es dañar el ego del otro sino, genuinamente, habilitar vías de comunicación que antes aparecían bloqueadas; lo cual siempre va a ser bien visto y bienvenido. De ahí que no que hay temer que el hecho de actuar de este modo vaya a promover algún tipo de conflicto.

4- LUCHANDO CONTRA LAS CRÍTICAS QUE NO NOS DEJAN AVANZAR:

Y VOS, ¿QUIÉN TE CREÉS QUE SOS?

El fantasma de las voces críticas que nos sigue a todos lados

El vos quién te creés que sos o, más simplemente, **Vos quién sos** representa y condensa ese punto límite en donde se decide no avanzar. Es la frase típica que aparece como peaje que no nos permite dar ese paso al frente... *¿Ey, pará, pará... a dónde vas? ¿Vos quién sos?* Tal vez sea difícil transmitir la violencia de la frase. Pero para la mayoría de nosotros tiene un efecto represor y paralizante.

¿Quién nos la dice? ¿Quién es el SEGURIDAD en la puerta de nuestra mente que nos frena en ese momento? No importa. Siempre va a haber alguien de turno dispuesto a ejecutar ese rol. El de frenarnos antes de accionar: *¡Ey! ¿A dónde vas? ¿Vos quién sos? ¿Cuál es tu curriculum, tu formación, tu carrera? ¿Tus resultados? Vos ¿por qué estás autorizado para hablar?* Y en el caso de que nadie nos diga nada podemos hasta inventarnos esa voz: *No me dijeron nada, pero seguro que deben de estar pensando que quién me creo que soy.*

Es por eso que no importa quién sea nuestro interlocutor. A veces es dicha por otros, a veces nos las decimos nosotros mismos pero, en definitiva, siempre termina resultando una voz interna la que lo dice o autoriza.

Para ejemplificar y ayudar a que vayan recopilando las suyas, les cuento algunas frases autobiográficas que me han dicho (mezcladas con las que yo mismo me he hecho):

¿Y vos quién sos para estar en la tele?

¿En serio vos atendés pacientes?

¿Jodeme que sos vos el que da la capacitación?

¿A vos te van a poner de supervisor?

¿Y vos quién sos para escribir un libro?

¿A vos te van a consultar?

Y la lista podría seguir…

Y todas se podrían resumir bajo el mismo título… *¿Y vos? ¿Quién sos? ¿De dónde saliste?*

Dicho de modo más técnico, la traducción sería: ¿Y a vos quién te autorizó para hacer/decir lo que **hacés/decís?**

> **Esto es lo que te convierte en adulto: aprender a autorizarte a vos mismo.**

Ya desde el colegio nos entrenan para que no podamos conseguir nuestra propia autorización. En definitiva, nos entrenan para no ser *adultos*. Esa es la razón por la cual puede haber gente grande en edad, pero no adulta. Personas que ya se independizaron económicamente y formaron su familia; es decir, ya tildaron todos los ítems que supuestamente aseguran la adultez, pero aun así no la alcanzaron. ¿Por qué? Porque no es eso lo que define la madurez sino la capacidad de autorizarse y autoavalarse para avanzar. La idea es que puedas empezar a listar TUS frases, las que hacen frenarte para, en principio, sacarlas de la oscuridad (aún antes de trabajarlas) y luego ver qué hacer con ellas. Ese es el primer paso para visibilizar lo que te detiene.

Si me preguntás para quién es este libro, te diría que para muchos. Pero principalmente para todos aquellos que tienen ese famoso potencial que no logran destrabar.

Para quienes sufren, pero no por una enfermedad difícil ni incurable, sino por algo que tiene que ver con lo cotidiano y universal: estar trabados en distintos lados y sentir que las opciones que podrían elegir, por algún motivo, aparecen prohibidas. *Me gustaría ir para allá pero... ¿quién soy yo para hacerlo? ¿Qué van a opinar los demás? Me encantaría hablar en público y decir lo que pienso... pero hay millones de personas más autorizadas, capacitadas e interesantes antes que yo.* Este *Quién soy yo*, no tiene que ver con el autodescubrimiento sino más bien con la AUTORIZACIÓN: *¿Quién me autoriza para hablar o hacer?*

Y si hiciéramos caso a quien nos dice *¿A dónde vas?, frená* y efectivamente frenáramos, ¿cuál sería su siguiente recomendación? Si ahora no es el momento de dar el paso, ¿cuándo sí estaría listo para hacerlo?

Una de las falsas creencias de las que se parte en estas situaciones es que, cuando nos frenan, parece que efectivamente no estamos listos para avanzar. Con lo cual la pregunta sería: ¿Cuándo voy a estarlo? ¿Cuándo va a ser correcto darlo? Y es ahí adonde vas a llevarte una sorpresa: si esperás que ese paso sea lógico, natural, y cuente con apoyo de todos, vas a terminar esperando toda tu vida sin darlo, como le ocurre a la mayoría.

Creo que no podría expresarlo mejor que Pink Floyd: *"You are young and life is long and there is time to kill today. And then one day you find ten years have got behind you. No one told you when to run, you missed the starting gun."*[5]

Cómo sacarnos de encima las voces críticas que nos impiden avanzar

Alguna vez escuché: *No, no es (o no se es) libre mientras me importe lo que los otros piensen de mí.*

Tu vida es tan grande, importante, única, finita y breve, que ¿realmente vas a perder tiempo en algo tan intrascendente como en el qué van a pensar los demás de vos?

Tu vida es tan chica e intrascendente para el mundo, la historia, el universo, que ¿realmente pensás que los demás van a detenerse a pensar en vos?

Uno de los grandes miedos que nos detienen y nos hacen avanzar mucho menos de lo que podríamos es el miedo a la crítica ajena. Críticas que aparecen a través de miradas y voces de otros (o hasta internas). Lo primero que hay que decir respecto de las críticas es que no se trata de cuestiones muy importantes o relevantes. ¿En qué sentido? En el sentido de que la mayoría de las que nos impiden avanzar, y generan que quedemos atragantados, no requieren una respuesta o una acción de nuestra parte. Es decir, podríamos resolver la mayoría de ellas con un simple: "OK" y listo.

---

5 *Eres joven y la vida es larga y hoy hay tiempo para matar.*
Y luego, un día, descubres que diez años han quedado atrás.
Nadie te dijo cuándo correr, perdiste el disparo de salida.

Ahora sabemos que no resulta tan sencillo. Pero es por donde tenemos que empezar: por reconocer y ubicar el grado de gravedad real y después tratar de entender por qué algo tan aparentemente intrascendente tiene tanta capacidad para afectarnos.

Anécdota personal

Aún recuerdo como si fuera hoy el mail que recibí de una colega psicóloga del trabajo al día siguiente de haber ido a hablar a un programa en la TV (hace unos once años). Creo no olvidarme de ninguna palabra del mail: *"¿¿¿Vos en la tele??? Jajajajajajajajajaajajajajajajajajajajajajaajajajajajajajajajajajajajajajaajajajajajajajajajajaja".*

Un par de observaciones en relación al tema:

1- ¿Es tremendo que alguien te mande un mail así? Por supuesto que no.

2- ¿Es intrascendente? ¡Por supuesto que no! Estos NO PASOS están compuestos precisamente por aquellos puntos aparentemente intrascendentes pero que no sabemos cómo manejar.

3- No son tremendos, pero si no sabemos manejarlos vamos a tener un problema: acumular muchos NO PASOS para luego estar donde no queremos.

Fácilmente se puede caer en la tentación (y el error) de plantearse el *¿Qué hacemos cuando nos vienen las críticas?* En este caso sería: *Che, ¿cómo le contesto a la que me mandó este mail?*

Pero se trata de un error porque, aunque nos lleva a pensar en cómo actuar ante las personas o voces que nos critican, no es el enfoque correcto poner el centro de todo en los otros. El planteo correcto es pensar *¿Qué hago cuando me viene el MIEDO a las*

129

críticas? ¿Cuál es la diferencia? Cuando pensamos en el miedo, nuestro miedo, estamos enfocándonos en lo que nos afecta a **nosotros**, y en lo que tenemos que ajustar, no en los demás. Entonces veamos algunos puntos a tener en cuenta frente a los miedos a las críticas:

Qué hacer ante el miedo a las críticas

1. No pierdas el norte de lo que querés y para qué lo querés:
Cuando hacés algo, ¿lo hacés para que te llegue un mail de una compañera de trabajo diciendo *¡Che, qué bueno!* ¿O es porque te divierte, te entusiasma y va a acercarte a los proyectos que planeás?

Cuando tenemos claro para qué hacemos lo que hacemos es más difícil que una simple brisa nos distraiga de nuestra meta.

2. ¿Qué puntaje le das a la crítica y qué puntaje al elogio?
Antes comentaba que no soy de los que creen que esté mal buscar el reconocimiento de los demás. Todos lo buscamos, de alguna u otra manera. Cada uno con su estilo, lo reconozcamos o no. Es decir, no está mal que quiera que a otros les guste lo que hago. Por ejemplo, soy músico y quiero que mi música guste, ¿está mal? Claro que no. El problema es cuando las críticas valen -10 puntos y cada elogio, 1 punto. Con lo cual cada crítica tiene un peso 10 veces más potente que el elogio.

3. Si te cuesta defenderte a vos, defendé a otros:
Pongamos de ejemplo este libro y el temor a las críticas al punto de dudar de si publicarlo o no. ¿Cómo podría transformar este miedo propio en una defensa de otros?

¿Lo que yo digo o hago, puede beneficiar a alguien? Sí.

¿Si tengo mayor exposición y alcance, beneficio a más personas? Sí.

Entonces, si dejo de hacerlo, perjudico a aquellas personas a las que beneficiaría.

Esto aplica a cualquier escenario en donde nos animemos a dar el paso aun frente a las críticas. Ya el hecho de ANIMARSE inspira y abre camino a otros. En el momento en que dejás de hacerlo, perjudicás a aquellas personas a las que ibas a beneficiar. Ya sea por el valor de lo que ibas a hacer o por la inspiración que podés dar por el hecho mismo de animarte. Es una excelente perspectiva a la hora de ponernos en tímidos y estar tentados de ceder ante el avance de las críticas.

Si te animás a cantar en un karaoke estás abriendo paso para que el que quería, pero le daba vergüenza, también pueda hacerlo.

Cada vez que pienses que dar el paso es un acto individual que no afecta a nadie más que a vos, recordá lo siguiente: el acto mismo de ANIMARSE a darlo es una ayuda para otros. Los inspira y les abre camino.

---

4. Tené presente a quién te estás dirigiendo:

Lo que hacés o querés hacer, ¿a quién está dirigido?, ¿a quién querés ayudar?, ¿a quién querés hablarle?

A quien sea que te dirijas, ya sea a vos mismo o a otros, ese tiene que ser tu enfoque y te explico por qué: muchas veces las críticas (o mejor dicho las potenciales críticas que nos imaginamos) tienen un poder magnético que hace que dirijamos nuestra atención hacia ellas. Esto significa que, a lo mejor, antes de decir o hacer algo, en vez de preocuparnos por lo que realmente queremos y quiere la gente, nos enfocamos en cómo "gustarle" al que va a criticarnos.

De hecho ahora, mientras escribo, se me presenta este diálogo interno: ¿En quién tengo que pensar? ¿Con quién mantengo un diálogo? ¿A quién quiero ayudar? ¿A los escritores y psicólogos? ¿O a aquellas personas que no están pudiendo dar ese paso para llegar a donde quieren?

Todos tenemos que respondernos estas preguntas al momento de fantasear con críticas y perder el norte. Responderlas nos permite recuperarlo y recuperar también la energía ¡y la SEGURIDAD para dar el paso!

Hablarle a la generalidad de la "tribuna" nos va a hacer naufragar en ese mismo barro de improductividad en el que nadan los haters.

5. Convertite en un contra hater[6]:
Muchas veces nos resulta más fácil defender lo nuestro que conquistar terreno nuevo. Y avanzar tiene que ver con ir en búsqueda de terreno nuevo. Y es por eso que también se hace claro por qué se evita tanto darlo.

Ahora, una buena estrategia es invertir el escenario para, en lugar de ir en búsqueda de conquistar terreno, estar en posición de defender lo propio. ¿Cómo? Visualizando de manera clara y poderosa los logros a futuro que podrías obtener gracias a estos pasos que estás en duda de dar o no. Una vez que veas todo lo que podrías lograr (y todo lo que vas a perderte por hacer caso a las críticas) vas a salir de la postura víctima/presa vulnerable.

---

6 "Hater" es una etiqueta utilizada para referirse a quienes usan comentarios y comportamientos negativos y críticos para abatir a otra persona, haciéndola sentir mal.

Si tenés bien en claro todo lo que estás perdiéndote, vas a abandonar la postura defensiva para colocarte en una ofensiva: *¡quieren sacarme los progresos, avances y éxitos en mi vida!* Y vas a salir como una fiera enjaulada en lugar de una presa vulnerable.

6. Salí de la posición de víctima y hacete responsable:

Está buenísimo juntarnos para hacer causa común contra los que nos critican a fin de hacernos fuertes y devolverles la crítica. Pero también hay que ser sinceros y amplios: sin llegar al extremo de disfrutar de esa crítica, hay que entender que algunas personas no piensan como uno o no les gusta algo de lo que hacemos. Y eso no los convierte en unos odiadores seriales, o en malas personas que solo quieren que nos estanquemos y no progresemos en nuestra vida. Simplemente no les gusta lo que hacemos, o algo de lo que hacemos. Para esto no es necesario irse al extremo de disfrutar de la crítica o del disenso, pero entendamos que ocurre.

Entonces, ¿de qué tenemos que hacernos responsables? De que si no somos capaces de aceptar que una persona piense distinto, hay algo propio a trabajar más allá de cualquier teoría en relación a las críticas.

7. Poné TODAS las cartas sobre la mesa:

Si esas voces críticas están frenando tu sueño y tus objetivos, necesitás tener un diálogo simple y directo en donde dejes explícitamente claro los PRO y los CONTRA de la situación.

Volviendo al ejemplo del mail luego de mi participación en la televisión: mi intención es progresar profesionalmente y la televisión representa una oportunidad en tal sentido, pero el temor a que mi entorno pueda reírse de mí hace que desista de hacerlo.

Entonces ese diálogo simple y directo sería:

» Quiero progresar profesionalmente

» ¿Podés hacerlo?

» Sí

» ¿Y cuál es el problema?

» Que pueda llegarme un mail de una colega burlándose de mí.

Fijate qué interesante. Cuando sos honesto con vos mismo al punto de poner todas las cartas de la situación sobre la mesa y exponer lo que **realmente** te molesta, empezás a desarmar el poder de la mirada crítica del otro por lo ridícula que suele ser.

El problema surge cuando nos sentimos muy tontos al poner sobre la mesa lo evidente: que son cuestiones banales las que nos afectan e impiden dar los pasos hacia lo que queremos. Entonces no "nos" lo reconocemos y ahí está el ERROR.

¿Y qué tengo que hacer? No juzgarme a mí mismo por lo que me perturba, inquieta o inhibe. Es lo que es. Me molesta lo que me molesta. No lo que CONSIDERO que debería molestarme. Así que es hora de reconocernos que tal vez no tenemos la vida que queremos por un acumulado de pavadas que no nos animamos a atravesar.

Al hacer este simple ejercicio vas a pasar de un escenario de inhibición, freno (y después obviamente de frustración) a una simple anécdota de la que vas a terminar riéndote. Es siempre muy positivo hacer esta "confesión" (*mirá la pavada por la que me preocupo*) con alguien. Ya sea un profesional o cualquier persona de confianza, "piola" en el sentido de que justamente no se burle y puedas reírte y te sirva de cómplice. Al hacerlo es interesante verificar cómo ese castillo de frustración que transformó negativamente el destino de nuestras vidas está conformado por pequeñas y aparentemente intrascendentes situaciones.

> Consejo: si estás frenándote en algo identificá rápidamente cuál es el miedo o amenza que estás evitando. Una vez que lo tengas claro, ponelo en palabras y contáselo a alguna persona de confianza.

Esto no solo va a reducir su poder por el simple hecho de ponerlo a la luz, sino que es exactamente el entrenamiento que necesitás para avanzar: **atravesar ese cosquilleo** de vergüenza de contar algo un tanto íntimo y "tonto".

Un libro que te recomiendo fuertemente, por el poder que tiene para ayudarnos a avanzar, tanto con información como con motivación, es "The 10 X rule" ("La regla de oro en los negocios"). En uno de sus capítulos señala que uno debe **buscar** tener haters, debe buscar tener personas que lo critiquen, burlen y menosprecien. Y la razón que da es que la presencia de ellos es señal del éxito que estamos teniendo (a mayor éxito, mayor es la cantidad de haters). Algo así como "Ladran Sancho, señal que cabalgamos".

Sin ir hasta ese extraño límite de BUSCAR tener haters, es muy interesante esta idea de invertir la interpretación de los síntomas. Del "si tengo muchas críticas es que estoy haciendo algo mal" al "¡cuantas más críticas tengo, mejor vengo!"

No hay críticas porque esté mal lo que hago, sino sencillamente por el hecho de que **estoy haciéndolo**. Entonces un punto esencial a tener en cuenta es el de **diferenciar las críticas del hecho de que estamos cometiendo un error**. La crítica no es una lección de un maestro del colegio. Ya no va a aparecer la maestra para retarnos y corregir nuestra conducta. Ahora somos adultos y tenemos que revisar esas críticas a las que, por cuestiones regresivas, tomamos como "retos" infantiles.

ATENCIÓN: tenemos que diferenciar las críticas y el hecho de que estemos cometiendo un error. A eso nos acostumbraron de chicos con los retos. Las críticas son opiniones: podemos estar de acuerdo o no. No son la verdad ni la señal de un error.

¿Cómo responder a ellas?

No es que sea imprescindible que quien nos critica reciba una respuesta, pero si luego de esa crítica nos quedamos horas pensando en su comentario, sí es importante lo que respondamos.

¿Qué responder? Bueno, es bastante sencillo y está delante de nuestros ojos: tenemos que responder lo que nos viene a la cabeza cuando nos quedamos horas pensando en el tema. ¿Y qué se nos viene a la cabeza? PREGUNTAS:

> » *¿Por qué me dijo eso?*
> » *¿Pero qué tiene de malo lo que hago?*
> » *¿Está mal lo que hice?*
> » *¿Está mal lo que dije?*

Entonces, ¿qué decir y no quedar atragantado?

> » *¿Por qué me decís eso?*
> » *¿Qué tiene de malo lo que hice?*
> » *¿Por qué decís que está mal lo que hice?*
> » *¿Por qué decís que está mal lo que dije?*

Dar el paso significa, nuevamente, **decir lo que queremos decir.** No guardarnos, no quedarnos atragantados con un comentario que queríamos hacer pero que quedó atascado, inhibido.

> **Dar el paso es decir lo que queremos decir.**

Ahora bien, esto suena muy lindo y liberador, pero la realidad es que responder en todo momento, y especialmente después de que nos hayan hecho una crítica, suena más a promover peleas que a liberarse y sentirse pleno. Entonces ahí surge el dilema clásico de: *respondo lo que me dictan mis emociones* (no muy buenas consejeras por lo general) o *me guardo lo que iba a decir, con la consecuencia de quedarme totalmente atragantado.*

En este escenario, aparentemente sin salida, hay una tercera opción: tener planificada, pensada, una respuesta para este tipo de situaciones. Es decir, un protocolo de comportamiento.

¿Pero esto no me transforma en un robot?

No, te transforma en una persona pensante, que se conoce y actúa acorde a lo que sabe de sí misma y le conviene en todo sentido: básicamente no entrar en peleas explosivas ni quedar atragantados.

El temor a quedar robotizados, estructurados, poco naturales, con respuestas ya programadas, surge del desconocimiento de que actualmente ya todas nuestras respuestas están programadas.

Es decir, eso no es algo nuevo. De hecho esa es la razón por la cual siempre nos comportamos de una manera muy semejante, como si tuviéramos una base de datos con algunos modelos de respuesta. El problema es que, por lo general, están por defecto y no intencionalmente programadas para nuestra conveniencia como proponemos acá.

¿Y cuál es esa respuesta que tenemos que programar para este tipo de situaciones de crítica? La REPREGUNTA. Y es en eso en lo que tenemos que hacernos especialistas: **en el hábito de repre-guntar.**

Pero, ¿por qué no lo hacemos? Porque existe un muy fino límite entre preguntar y poner en cuestión. De hecho la palabra "cuestio-nario" lo muestra muy bien: es una mezcla entre preguntar y cues-tionar. Esta confusión es lo que hace que muchas veces nos limite-mos: si no queremos quedar como que buscamos cuestionar lo que el otro dice, nos guardamos la pregunta, aun cuando no hayamos entendido y nos queden dudas.

Ya cuando le decimos a alguien la sencilla frase: "¿Por qué decís eso?" entramos en la zona gris de no saber si al otro le molestará o no. Pero la REPREGUNTA es el camino correcto, ya que objetiva-mente es neutra, no afirma. Y nos permite, con respeto, sacar algo que podría quedarnos atragantado.

Entonces cuando alguien me hace un comentario o pregunta que no entiendo, en la que dudo de su buena intención y en la que también tengo la CERTEZA de que me voy quedar pensando si no contesto, o masticando bronca con el comentario, TENGO que responder, tengo que dar el paso.

Nunca des por válida una crítica:

Puede sonar muy abierto y predispuesto a la mejora el tomar por válida cualquier crítica que nos hagan. Pero contrariamente a lo que se piensa, eso no nos lleva a mejorar sino a seguir bajando nuestra autoconfianza y seguridad en nosotros mismos.

A primera vista suena infantil y de mentalidad cerrada rechazar las críticas sin antes procesarlas, pero también lo es ACEPTARLAS del mismo modo.

Dicen que uno de los peores enemigos a la hora de aprender es decir (o pensar): *"Sí, ya sé"*, porque evita escuchar y aprender lo que el otro tiene para decirme. Y en el caso de las críticas, este limitante del *sí ya sé*, aplica tanto a rechazarlas como a aceptarlas. ¿Por qué? Porque este *sí, ya sé* significa, "Ya sé lo que me querés decir, está mal lo que estoy haciendo". Si tan rápido y fácilmente entendés lo que quieren criticarte, ¿por qué creés que lo estás haciendo?...

Propuesta: ¿A qué voy? A que, cuando aceptamos rápidamente una crítica, lo que estamos haciendo es sencillamente CEDER ante la opinión del otro, pero ello no implica para nada estar abierto a la crítica y la mejora.

Pero ¿qué pasa si quiero realmente mejorar y no ser un cerrado que rechaza cualquier tipo de crítica?

Muy sencillo, no tenés que rechazarla ni aceptarla, sino simplemente PREGUNTAR:

» *¿Ah sí?*

» *¿A qué te referís?*

» *A ver, explícame un poco mejor*

» *¿Por qué lo decís?*

» *¿Qué quisiste decir?*

Si alguien me hace una crítica (constructiva o absolutamente destructiva) lo peor que puedo hacer es tomarla directamente sin antes indagar.

Lo mismo sucede para comentarios que no necesariamente son una crítica, pero que no entendemos. Con más razón hay que preguntar. Esto aplica cuando no sabemos si son burlas o qué sentido tienen, positivo o negativo.

» *¿¿Vos escribiste un libro??*

» *Respuesta: Sí, ¿por?*

OJO con el uso del humor:

¡No seas cómplice de las burlas o risas sobre lo que hacés!

Claro que puede existir la tentación de querer aparentar madurez y seguridad al mostrarse ante los demás con sentido del humor respecto de lo que uno hace. Porque existe la idea de que la autocrítica y la capacidad de reírse de uno mismo son señales de seguridad; y porque, además, esto no va a afectar en lo más mínimo a nuestra estabilidad. Pero esto no es tan cierto y, por sobre todas las cosas, en caso de que así sea (que el reírse de uno mismo se vea como una actitud sana de madurez personal) deberíamos dejarlo para aquellas personas que se dieron a sí mismas pruebas suficientes de que ya avanzaron y dieron los pasos necesarios en su vida.

Si siento que estoy luchando por vencer voces de críticas sobre mi capacidad y potencial para progresar, debería tener PROHIBIDO reírme de mí mismo y, mucho menos, ser cómplice de burlas de otros. Aun con el riesgo de mostrarme rígido, poco flexible y sin sentido del humor. Si esa es la imagen que proyecto por ahora, que así sea.

Avanzar, progresar, empezar a romper esa inercia de lo que nos está frenando requiere dar el paso, y no quedar elegante, "cool", con flexibilidad y sentido del humor. No es necesario en esos pasos iniciales. Esos comienzos tienen como único objetivo DARLOS. No importa la forma, la estética ni la flexibilidad.

Cuando VOS sos tu Hater:

¿Te pasó de verte a vos mismo en un video o escucharte en un audio y que te diera vergüenza? Y tuviste una reacción como un chico tapándote la cara al estilo *¡¡apagá eso, por favor!!* Bueno, en esos casos, un buen ejercicio es el de repreguntar(te) como hablamos antes: *¿Por qué te da vergüenza? ¿Qué tiene de malo la* *voz? ¿Qué tiene lo que dijiste? ¿Por qué está mal? ¿Qué es lo que deberías haber dicho? ¿Qué sí hubiera estado bien que dijeras o hicieras?*

Este es un ejercicio práctico y contundente para ganar seguridad, ya que al entrenarse en el hábito de observarse no solo es posible identificar los aspectos a mejorar, sino que principalmente permite relativizar y suavizar las propias críticas. Es decir, trabajar y avanzar en el proceso de autoaceptación.

De la crítica al elogio

Es normal que ante las críticas nos pongamos emocionales: que nos angustiemos o enojemos. El tema es que esto puede hacer que se nos cierre la mente, y nos cueste pensar con frialdad para tener una perspectiva más amplia. Y en este sentido perder de vista otras lecturas totalmente probables, pero invisibles, productos del enojo: la posibilidad de que, detrás de esa crítica maliciosa, se esconda un gesto de admiración.

¿Cuál es el elogio que puede esconderse detrás de la crítica?: *Yo no me animo a hacer lo que vos hacés.*

Empezá a repasar las críticas que te hicieron (o que anticipás que van a hacerte), y fijate cómo le queda esta frase al que te criticó: *No me animo a hacer lo que hiciste.*

Vas a sorprenderte de lo bien que encaja la situación en la mayoría de los casos. Es decir, no se trata de un autoengaño para sentirnos halagados. Realmente la mayoría de las críticas son elogios encubiertos.

De hecho, esa es la razón por la cual estos comentarios vienen cargados de emoción, porque tocan algún punto al que los realiza. Citando a Buda: *Todo lo que te molesta de otros seres, es solo una proyección de lo que no has resuelto de ti mismo.* Si lo que hacemos le resulta absolutamente irrelevante al otro, a lo sumo hará un comentario totalmente intrascendente y vacío de interés, pero nunca un comentario cargado de energía negativa.

Vayamos con un ejemplo:
Sos nuevo en un trabajo, o en un sector, y te postulás para hacer algo que realizan los que tienen mayor antigüedad que vos. Ante la crítica de: *Este quién se cree que es...*, ¿qué encontramos?: *Pero qué coraje este pibe. Yo ni loco me hubiera atrevido en tan poco tiempo a postularme.*

Un motivo más para no asustarse ante las críticas:

Cuando queremos crecer y avanzar (me imagino que estás en esa situación) solemos buscar originalidad y algo que nos distinga. Ese PLUS que haga que nos elijan (para un ascenso, como pareja, para comprarnos, para contratarnos, etc.).

Ahora bien, miremos la paradoja: cada vez que pensamos algo en lo que los demás no coinciden, nos sentimos solos, criticados y poco respaldados. Ya sea en una decisión, opinión, un tipo de comportamiento o camino elegido. La paradoja es que justamente AHÍ está la originalidad buscada. Eso que nos distingue y hace únicos. Entonces, si buscamos aval y acuerdo con todo el mundo, lo que vamos a encontrar es mediocridad, normalidad y resultado promedio. Porque no vamos a estar haciendo nada distintivo.

Esta es otra forma más de entender por qué no habría que asustarse ante la presencia de haters, sino más bien tomarlos como indicador de que efectivamente hay algo nuevo, original, o al menos distinto de lo que ofrecen los demás.

Desmitificando

Ya hablamos acerca de distintas cuestiones respecto de las críticas, sabemos de lo que son capaces, que nos hacen sufrir, que nos pueden limitar, etc.. Pero vamos a ponernos ahora en abogados del diablo y a pararnos del otro lado de la vereda.

Pueden tener un efecto muy negativo y restrictivo, con consecuencias grandes en nuestras vidas por hacernos acumular muchos pequeños no pasos, pero no por eso podemos dejar de ubicarlas en el lugar correcto. ¿Y cuál es ese lugar correcto? Que tampoco son tan grandes e importantes como a veces queremos creer. ¿En qué sentido? En el sentido de que son mucho más inofensivas de lo que creemos.

¿Viste la película *El náufrago*[7]? Cuando quiere escaparse de la isla y le resulta imposible porque las olas lo traen de vuelta. Parecen tremendas y, a su vez, LA razón por la cual no puede pasar al "otro lado". Ahora, una vez pasada ESA ola, ya no había prácticamente más resistencia. Entonces, ¿de qué se trata todo? De vencer a esa primera dando el paso que necesitamos dar.

Interacciones cotidianas

Una de las grandes fuentes de atragantamiento está en la escasa interacción con otros, ya sea por timidez, falta de práctica o información en situaciones cotidianas. Lo cual no significa que la respuesta/solución está en convertirnos en las personas más extrovertidas y sociables del mundo. La idea es mantener nuestro estilo, personalidad y no dejar de ser quienes somos; pero el modo en que nos comportemos con otros tiene que ser el fruto de una elección y no de una inhibición. Si es así, no vamos a vivir nuestra "soledad"

---

7 Película dirigida por Robert Zemeckis, protagonizada por Tom Hanks y estrenada en 2000.

como una elección placentera, sino más bien como un refugio y, en consecuencia, va a convertirse una fuente de atragantamiento.

Por otra parte, no es un rubro totalmente prescindible como decir: *mirá, no soy bueno jugando al bádminton, no quiero jugar, ni me interesa*, con lo cual me olvido del tema sin problema (si no es un deporte que practique, lógicamente). Si elimino de mi vida el rubro "interacción con otras personas" la realidad es que voy a limitarme fuertemente, más allá de que mi perfil resulte más tímido o más sociable. Y lo más importante: va a dejarme un escenario lleno de potenciales situaciones en donde quedar atragantado. Entonces veamos algunas cuestiones a tener en cuenta para salir de ese lugar de limitación: con interacciones cotidianas me refiero a situaciones que no representan algún tipo de dificultad destacada ni parecen a priori ser especialmente relevantes. Pero aun así son potenciales "atragantadoras".

Podría ser el caso en el que tenga que preguntarle al mecánico algo sobre el auto (del cual no entiendo nada), pero como me da vergüenza quedar como un tonto que no entiende, prefiero evitar cualquier pregunta/repregunta.

Claro que existen otro tipo de situaciones más profundas y complejas de abordar que requieren otro nivel de habilidad, información y experiencia (ya sea para cerrar un negocio, para persuadir a alguien que me pone nervioso, etc.). Pero no me parece importante destacarlas porque ahí el desafío principal es el perfeccionamiento de una habilidad específica, y no tanto esa inhibición que nos atraganta.

Entonces, ¿qué podría hacer con este tipo de situaciones cotidianas? Lo mismo que con cualquier otra que nos cueste por ser inexpertos en la materia (ya sea manejar, o tocar un instrumento): bajando la velocidad de la ejecución.

Así es. Si estoy aprendiendo a manejar, la recomendación básica para cualquier movimiento es bajar la velocidad. Si estoy aprendiendo a tocar la guitarra y no me sale una parte, lo que tengo que hacer es reducir la velocidad. ¿Cuánto? Tanto como sea necesario hasta que lo logre.

Lo mismo aplica para el intercambio con los demás. Mi meta no tiene que ser, bajo ningún punto de vista, hacerlo rápido, sino hacerlo. Es lógico que queramos terminar lo más rápido posible una experiencia que nos provoca ansiedad. Pero resistir a esa tendencia natural va a tener varias consecuencias positivas:

1- Si hablás más lento, pensás mejor, hablás mejor y se te entiende mejor.

2- Vas a sentirte de local por el hecho de hablar al ritmo que VOS necesitás, y no al que suponés que el otro quiere comandar.

   Hay un viejo concepto de las relaciones e intercambios que dice que *aquel que pregunta es el que domina la conversación*. Siguiendo esa línea podemos decir que el que habla a SU propio ritmo, no necesariamente domina al otro, pero seguro que se domina a sí mismo y no es dominado por el otro.

3- Hablar despacio, al propio ritmo, te coloca en un escenario de menor ansiedad que ayuda a repetirte a vos mismo *no estoy apurado, no es necesario resolver esto rápido*, *en todo caso es necesario RESOLVERLO*. Con lo cual, nos programamos para establecer que *hasta que no logre mi objetivo, no me voy*.

   Esto no significa convertirse en un pesado que no deja ir a la otra persona. Solo significa que no vamos a ser nosotros quienes interrumpamos mientras no hayamos logrado el objetivo.

   Volviendo al ejemplo del mecánico. Él está en su derecho

de decirme *Estoy apurado, tengo que seguir, no puedo continuar hablando*. Pero que no seamos nosotros quienes, producto de la ansiedad, nos vayamos sin antes haber entendido lo que queríamos saber.

¿Un ejercicio? Empezá a ponerlo en práctica en cualquier mínima situación: cuando vas a la panadería, cuando hacés un trámite y te encontrás con alguien ansioso por "sacarte de encima", ¡este es un excelente entrenamiento! Repito: esto no es para hacerse el valiente y decir *de acá no me voy hasta que no me solucionen el tema*, es para que dejemos de anticiparnos a cerrar un diálogo antes de tiempo y sin haberlo resuelto.

No avanzar por miedo a la exposición. Miedo a hablar en público

Estudios indican que el mayor temor al que se enfrentan las personas es a hablar en público, incluso por delante al temor a la propia muerte. O sea, que en un velorio muchos estarían más cómodos dentro del ataúd que saliendo ante el público para hablar elogiosamente del fallecido. Jerry Seinfeld

Es muy linda e idílica esta idea de relajarse y "entregarse" a nuevas experiencias fuera de nuestra zona de confort. Ahora, la realidad es que para muchos (nosotros, los atragantados) este concepto de involucrarse "abiertamente" y sin recaudos en situaciones desconocidas, en honor al placer de "experimentar nuevas emociones" no suele ser una opción tentadora.

Lo que generalmente elegimos son situaciones conocidas, ya exploradas. Y si vamos a afrontar nuevas experiencias, el famoso "salir de la zona de confort", preferimos estar en algún modo preparados. Es por eso que para aquellos que no somos tan adeptos al "soltar, relajarse y entregarse" a lo nuevo, anticipar y preparar algunos escenarios nos va a dar la posibilidad de avanzar sin detenernos ante la "amenaza" que representa un nuevo y desconocido desafío.

En este caso vamos a centrarnos en el miedo a la exposición y a hablar en público.

No importa que tu objetivo no sea convertirte en conferencista profesional. Para avanzar en los pasos es importante aprender a hablar en público. Y esto es por una sencilla razón: darlos nos lleva a progresar; progresar nos lleva a mayor exposición; y de ahí a hablar en público, hay un solo paso, ya que ¿a quién suelen darle la palabra? A aquellos que progresaron y tomaron cierto lugar de referente.

La idea de que progresar puede llevarnos a situaciones de exposición pública que den temor no es ninguna fantasía, sino más bien algo bastante cercano a la realidad. Y el riesgo es que, como consecuencia de este miedo, se opte por no progresar para no exponernos a situaciones que nos incomoden o hasta provoquen angustia (como hablamos en el AUTOBOICOT). De ahí que tome una relevancia especial.

Desde esta perspectiva, aprender a hablar en público tiene una finalidad diferente a la de desatragantarnos, y es la de contar con un **respaldo de seguridad y tranquilidad que impida que anticipemos con temor una situación de exposición que nos lleve a evitar el progreso.** Porque, de lo contrario, vas a estar cruzando los dedos para que al socio interno de tu cabeza que siente miedo no se le ocurra hacer un "piquete" con su "misterioso" autoboicot.

Como decía al principio, el hecho de que no sea una aspiración personal convertirse en conferencista no cambia la importancia de este punto, porque hablar en público no es exclusivo de aquellos que tienen que subirse a un escenario. Hablar en público puede ser tomar la palabra frente a cuatro personas de un equipo de trabajo, o decir unas palabras en un cumpleaños.

Entonces no vamos a hacer un micro curso de oratoria para ser capaces de hablar en un estadio con veinte mil personas, sino que vamos a intentar resolver rápidamente el freno y bloqueo que puede implicar este miedo. En principio, veamos cuáles son los problemas básicos que nos detienen:

1. Se subestima el temor que nos genera y su importancia:

Todo lo que se subestima tiene un inconveniente elemental: no se le presta la suficiente atención o energía para resolverlo. Si preguntás quién quiere levantar la mano, subir al escenario, agarrar el micrófono, tomar la palabra e intervenir, la respuesta más común va a ser: NADIE (o muy pocos). Porque da vergüenza o no se quiere. Ahora, son pocas las personas que van a detenerse a hacer un replanteo al estilo: *Acá hay un tema para resolver. Tal vez este freno esté implicando más consecuencias negativas de las que creo.*

La mayoría suele relativizarlo como algo cotidiano y menor: *No me gusta la exposición. No soy de los que hablan. Soy así.* ¿Cuán importante puede ser aprender a hablar en público? No es a lo que me dedico, no es mi rubro ni tampoco aspiro a ser un gran orador.

Y justamente porque se subestima su importancia, no se suele invertir tiempo o energía en aprender sobre el tema (tomar cursos, leer libros o cualquier otra opción que tenga como finalidad resolverlo). Y esto es porque no se llega a dimensionar la cantidad de obstáculos y consecuencias negativas que nos trae aparejadas. Es por eso que es necesario tomar dimensión de su importancia, porque solo así puede empezar a abordarse la cuestión.

2. Creencias incorrectas de lo que significa "saber hablar en público":

Otro problema son las falsas creencias acerca de lo que es ser "bueno" hablando en público (lo digo entre comillas, porque parte de los obstáculos es considerar que HAY QUE SER de DETERMI-

NADA manera para poder afrontar el tema de un modo efectivo); es decir, tomar modelos ideales que desorientan, frustran y hacen pensar que es solo para unos pocos elegidos.

Algunos mitos:

» Tenés que ser extrovertido.

» No tenés que tener nervios al hacerlo.

» Tenés que ser espontaneo.

» No se te tienen que hacer blancos mentales.

» No se te tiene que secar la boca.

» Tenés que ser gracioso.

» Tenés que hablar rápido.

Si leo esto digo: *Listo. Estas son las razones por las que me pongo nervioso al hablar en público: es para un perfil de persona que no soy ni voy a ser.*

El inconveniente con estos mitos es que instalan en la mente dos ideas equivocadas: la primera, que tenés que mostrarte de una determinada forma para que salga bien esa exposición. Lo cual es falso. No todos los que exponen públicamente hablan rápido, se muestran graciosos y son extrovertidos. Pero hace que las personas, al momento de hablar en público sientan la exigencia y el mandato interno de que DEBEN tener esas características. ¿Cuál es la consecuencia? Que no se animen a hacerlo por no sentirse capaces, o que lo hagan pero al modo de una actuación: simulando ser quienes en realidad no son (por la creencia de que *así habla en público el que sabe*).

Y la segunda idea equivocada es la de que los que hablan bien en público es porque tienen condiciones naturales, innatas; con lo cual no habría mucho que hacer: *o las tenés o no las tenés*. Una buena exposición no implica que el que habla no tiene nervios y sería capaz de hablar tres horas sin parar delante de muchísimas personas. No solo no es así, sino que además, cuando sucede (que el que habla se sienta tan cómodo que no para), es una pesadilla para el que escucha.

Así que primero que nada tenés que sacarte de la cabeza esta idea de que el principal enemigo son los nervios y que eso sería lo que más inquieta al público que escucha.

Tres ejemplos clásicos de una mala presentación:

Contrariamente a lo que pensamos, una mala exposición no es esa en la que nos olvidamos de algo, nos ponemos nerviosos o se nos seca la boca, sino aquella en la que:

1. **No paramos de hablar** (que como decíamos no suele suceder cuando el que habla está nervioso, sino más bien cuando le encanta estar en esa posición y por eso ¡quiere quedarse a vivir hablando!). Contra la creencia popular de que cuando alguien habla están todos expectantes a escuchar su gran desarrollo, la realidad es que la mayoría en esos momentos está más interesada en irse o en revisar el celular. Así que lo breve siempre va a ser mejor bienvenido.

2. **Pretendemos ser quienes no somos**: justamente por intentar imitar a aquel referente idealizado. Esto puede ocurrir también por creer que hablar en público es una categoría diferente de comunicación. Es decir, que si te hablo personalmente lo hago de una forma, pero si hay diez personas tengo que hacerlo de un modo diferente (como los políticos, que cambian su forma de hablar en los discursos). Y ahí vienen los acartonamientos y modos artificiales.

3. **No preparamos lo que queríamos decir**: claro que nos podemos olvidar de algo (y hasta explicitarlo, ya que genera

mucha empatía), el problema de la falta de preparación es que no tengamos claro QUÉ queremos decir ni por qué estamos allí hablando.

Entonces, siguiendo estos tres ejemplos, podemos definir puntos principales a tener en cuenta:

- **No hablar sin un fin** (en ambas acepciones de la palabra: sin un objetivo y sin un ¡STOP!). Para esto es útil el punto anterior: haber preparado todo antes.

- **No hablar como alguien que no soy:** Mi lenguaje, mi estilo, mis formas. No es necesario, ni va a ser bueno comportarme como quien no soy.

- **Tener preparado previamente** lo que quiero decir. Este es el ABC de cualquier exposición y de hecho hasta sugiero que escribas lo que vas a decir como si fuera un GUIÓN.

Ahora, ¿alguno de estos tres puntos requiere una habilidad innata especial? Claro que no. Así que sigamos para YA quitarnos este fantasma.

REENFOCATE: ¿Tenés que hablar en público y te pone nervioso? Reenfocate. ¿Cómo? Recordando que NO vas a dar una lección oral, a mostrar cuánto sabés *o cuán bien* hablás; sino a TRANSMITIR UNA IDEA o una historia.

Enfocate en ese contenido, en lo que querés transmitir. ¿No tenés ninguna idea que transmitir? Bueno, entonces el problema no es de oratoria, sino que no existe un **motivo** para que hables en público.

Imaginate esta situación: vas a juntarte con amigos y les tenés prometida una primicia o un chisme espectacular. ¿En serio creés que vas a enfocarte en la formas, en las pausas que hagas o en cómo mover las manos (tal como proponen muchos cursos de oratoria)? No, ¿verdad? Y seguro que va a salirte muy bien. ¿Por qué? Porque vas a estar enfocado en el CONTENIDO, en transmitir esa idea. Eso es exactamente lo que tenés que hacer siempre. De hecho, más allá de que sea normal y lógico ponerse nervioso, muchas veces es una señal de que estamos enfocados en nosotros mismos (*¿cómo me veré?, ¿dejaré una buena imagen?*) y no tanto en que los que escuchan entiendan y puedan llevarse una idea clara del contenido que quisimos transmitir.

Cuando me enfoco en las formas, en cómo van a verme, me pongo en el centro, dejo en segundo lugar al mensaje y ahí aparecen los inconvenientes.

PREPARATE. ¿Querés saber si estás preparado y listo para una presentación? Es muy sencillo, contasela a un amigo o familiar en el living de tu casa tal como pensás hacerlo. Si te sale bien, estás listo.

Muchas veces se cargan todas las causas de los fracasos en el factor nervios: *Dije todo confuso y no se entendió nada porque me puse muy nervioso.* Ahora bien, ¿en el living de tu casa se entendía? Si es así, perfecto, estás listo. Pero la realidad es que la mayoría de las veces lo que sale mal en público ya estaba mal en el living de casa. Es decir, no siempre son los nervios la causa del problema.

¿Te cuesta prepararte o no sabés *cómo empezar a hacerlo?* Usá esta pregunta una y otra vez (como si te la estuviera haciendo alguien del "público") hasta que puedas responderla de manera breve, concreta y directa: **¿Qué es lo que me querés contar? ¿Qué es lo que querés que sepa?**

Muchas veces cuando preparamos un tema para hablar empezamos con una introducción, damos vueltas, agregamos detalles sin importancia, rellenamos y perdemos de foco lo relevante. Para reorientarnos una y otra vez tenemos que volver a la pregunta: *¿Pero qué quiero decir? ¿Qué es lo que quiero que el otro sepa? ¿Qué idea quiero transmitir?* Seguramente la respuesta sean pocas palabras. Bueno, ESAS pocas palabras son el eje de lo que vas a preparar para hablar. Entonces, mi recomendación es que cambies el enemigo a la hora de tener que hablar en público. Pasá del enemigo llamado NERVIOS al enemigo llamado PEREZA para preparar todo lo necesario y para practicar.

¿Querés perder el miedo a hablar en público? Dejá de pensar en los nervios como tu enemigo principal y enfocate en tu verdadero enemigo: la pereza a prepararte.

Miedo a hablar con gente "importante"

Existe un famoso concepto en el mundo del desarrollo/crecimiento personal que dice que la fórmula más simple y práctica de llegar a donde uno quiere es rodearse de gente que ya haya alcanzado ese "lugar" (en término de logros, formas de ser y vivir). Esto se basa en la idea de que "somos el promedio de las cinco personas con las que más tiempo compartimos"[8], con lo cual si conformamos un entorno que alcanzó el nivel que queremos, la consecuencia va a ser la de parecernos a ellos en términos de hábitos, costumbres, formas de pensar y decisiones. Esto va a dar como consecuencia la posibilidad de obtener resultados parecidos.

---

8 Jim Rohn.

Pero claro, así de simple de implementar, así también de simple de evitar, ya que ir a hablar con alguien que siento "importante", que logró mucho más que yo, puede inhibirme: *Me da miedo. ¿Y si quedo mal? ¿Si piensa que soy un tonto, un molesto? ¿Y si le hablo de forma incorrecta? ¿Y si baja mi autoestima por sentirme inferior? ¿Si expone y deja demasiado en evidencia todo lo que hago mal?* Y así puede ocurrir que no demos el paso, con la doble consecuencia negativa de no acercarnos a lo que queremos y de acumular un nuevo "no me animé" que nos deja con un deseo insatisfecho, atragantados. Entonces, si sos de las personas a las que les cuesta establecer este tipo de contacto, veamos algunos puntos para que pueda resultarte menos estresante y no represente una experiencia amenazante:

» Pensá la situación desde el lugar del otro: *¿Cómo me gustaría que me hablara una persona "menos importante" que yo? ¿Qué me molestaría? ¿Qué me gustaría?*

» Interesate en alcanzar el objetivo que tenés para acercarte (puede ser resolver una duda que querés consultarle), NO en la interacción en sí. Enfocate en el contenido, no en la relación.

» En sintonía con el punto anterior, no te comportes como un "fan". Al fan solo le interesa el contacto con el ídolo y el resultado de la consulta pasa a segundo plano ya que es simplemente una excusa para entrar en contacto.

» Y, por último, como en cada paso a dar, proponete hacerlo cada vez que surja la oportunidad como un juego-ejercicio de desatragantamiento.

Una observación que podría hacerse: *Pero para entablar diálogos y vínculos con otros, ¿acaso no es importante enfocarse más en el otro que en mí?* Claro que a las personas les resulta atractivo sentirse halagadas e importantes. Es decir, enfocarse en eso puede ser una buena estrategia para conectar. Pero estos puntos tienen como objetivo principal perder ese respeto reverencial hacia el otro "importante", y para eso nada mejor que poner en el centro de la escena el objetivo concreto que tenemos y no el buscar "caer bien al otro".

Miedo a que el éxito me aleje de mi entorno

Quiero crecer, quiero avanzar pero no me gusta esa idea de empezar a estar en conflicto con quienes me rodean. ¡Perfecto! De hecho esa es la idea: el solo hecho de pensar en crecer a costa de vivir en conflicto es justamente una de las fantasías que nos evitan dar el paso.

Ante este miedo, ¿cuáles son los caminos que solemos tomar?

1- **El del sumiso:** Mantener excelentes relaciones con los demás sin dar ningún paso (para no inquietarlos). Para que nadie piense que me agrandé, que soy egoísta, que quiero pasar por arriba de ellos, etc., y la lista continúa (la conozco porque fue el camino que siempre elegí).

2- **El del resentido por anticipación:** Mantener malas relaciones con los demás por anticipar que van a molestarse y a continuación no hacer nada, no avanzar. *Seguro que si avanzo van a estar criticándome estas víboras.* Sería el camino en el que todo termina mal: ni avanzo ni mantengo buenas relaciones.

3- **El del rebelde:** Dar los pasos, mantener malas relaciones y vivir en conflicto con los demás. Esta es la opción que suelen usar los que avanzan un poco. Con lo cual instalan la creencia negativa de que progresar "necesariamente" trae aparejado conflictos.

Y, por último, la combinación mágica:

4- **Enfocarse especialmente en tener excelentes relaciones con el entorno y, simultáneamente, dar pasos continuos:** esta opción es excelente. No porque todo el mundo va a tomarlo a bien, sino porque VOS vas a estar bien. Al enfocarte en mantener buenas relaciones vas a sacarte de encima los fantasmas respecto de los demás. Y en caso de que haya algún tipo de malestar o conflicto de parte de ellos, dejamos en evidencia que no es porque estemos haciendo algo mal, sino porque es el OTRO quien tiene el problema. Vas a quedarte con la tranquilidad de que si sucede algún tipo de conflicto o malestar es 100% responsabilidad de la otra parte.

Si no me propongo intencionalmente tener muy buenas relaciones, existe la posibilidad de que dude acerca de dónde surgió el conflicto: *"Tal vez yo cambié para mal"*. Al enfocarme en mantener excelentes relaciones, todo conflicto que surja es 100% efecto de mi crecimiento, con lo cual se hace explícita la pregunta:

¿Quiero estar cerca y compartir mucho tiempo con personas que se ponen mal cuando tengo éxito?

Cuando nos atragantan las GRANDES DECISIONES

Decisiones fáciles te hacen la vida difícil. Decisiones difíciles te hacen la vida fácil. Jerzy Gregorek

A esta altura podrías decirme: *Ya voy entendiendo la idea, tengo que conocerme para así saber lo que me gusta y lo que no y, en base a eso, diseñar una vida a mi propia medida, con lo cual todo va a ser a mi gusto.* Pero la realidad es que no todo es tan sencillo. Por un lado porque no todo lo que nos "conviene" es lo que nos facilita una buena vida (desde el psicoanálisis se sabe que es una ingenuidad pensar que lo que nos dirige/"mueve" es la búsqueda de bienestar) y por otra parte porque llevar adelante una vida hecha "a medida" requiere tomar decisiones importantes que no nos van a resultar fáciles de afrontar. Con lo cual surge un interrogante: **cómo evitar quedar "en la puerta" de las grandes decisiones** y, por ende, **atragantados**.

Se trata de GRANDES decisiones porque lo que hagamos con ellas desencadena muchas consecuencias, y es por eso que nos resultan difíciles de manejar. Lo que provocan, tanto si las tomamos como si las postergamos, es un marco, un contexto que invade y tiñe la mayoría de las áreas de nuestra vida. Algunas de ellas podrían ser la decisión acerca de la pareja con la cual estar, el lugar en donde vivir, dónde trabajar, la carrera a seguir, y tantos otros temas más.

Tomemos de ejemplo el tema pareja, ya que funciona como caso paradigmático de las grandes decisiones, por el hecho de que ahí se hace muy visible que sus efectos no se limitan exclusivamente al plano amoroso sino que, para bien o para mal, afectan a otras áreas de nuestra vida (y de ahí que resulten tan importantes de abordar).

Cuántas veces nos dijeron (y dijimos) ante una relación que ya no funciona: *¡Dale! ¡Si tanto mal te hace, separate de una vez!* como si fuera un consejo original y revelador.

Es evidente que si la relación me tiene mal pero no puedo tomar una decisión es porque algo me "impide" hacerlo y la situación no va a resolverse con el simple empuje al estilo: *Dale, tirate a la pileta de una.* Ya que así, deambulando entre esas dos opciones (*dale, animate* y *no, no me animo*) podemos quedarnos estancados toda una vida con el resultado de siempre: seguir postergando una decisión que a veces nunca llega a concretarse. Acá el primer error que suele cometerse es evaluar nuestra actitud a partir del coraje: creer que lo que me impide tomar una decisión es la falta de coraje. Lo cual nos termina atrapando más aun, ya que NO es ese el problema.

Existe un principio que aplica a las negociaciones y también a estas circunstancias: si existen dos opciones y ninguna de ellas convence, es necesario observar la situación desde una perspectiva más amplia (el famoso "ampliar la torta"). Y claro, en estos escenarios aparece la resistencia inicial a creer que efectivamente puedan llegar a existir otras opciones: *O me separo o no me separo, no hay más alternativas.* Con lo cual la primera resistencia a superar es entender que el hecho de **que no sepamos todavía cuál podría ser esa alternativa no significa que no exista** (aun cuando no podamos siquiera visualizarla). Por lo tanto, podemos grabarnos una idea: si la decisión es tan difícil (difícil como sinónimo de que nos sentimos imposibilitados de tomarla a pesar de saber que tenemos que hacerla) es porque la situación NECESARIAMENTE involucra más variables que hoy no estamos pudiendo ver.

> **Si es tan difícil tomar una decisión es porque NECESARIAMENTE involucra más variables de las que estamos pudiendo ver hoy.**

¿Qué variables podríamos estar perdiendo de vista? Aquellas que hacen SOSTENER el vínculo (en este caso el de pareja, pero vale igual para el laboral, familiar, o cualquier otro). Podríamos decir que cuanto más difícil es tomar una decisión, más misterioso es el sostén del vínculo. Y colabora con este misterio el hecho de que lo buscamos "mal". Creemos que vamos a encontrarlo entre los aspectos positivos de la relación (*seguramente lo que sostiene el vínculo es eso que me gusta de la otra persona*) pero no es allí, sino en "lugares" más paradójicos, que tal vez ni siquiera causan placer.

Una forma de entenderlo es a través de un concepto que hoy en día está de moda, el de las "relaciones tóxicas" (que, de nuevo, no es exclusivo de los vínculos sociales sino que puede aplicar a cualquier otro como, por ejemplo, el modo que me une a mi trabajo). Lo que vemos en este tipo de relaciones es que lo tóxico no es tanto el hecho de llevar adelante algo que nos hace mal, sino más precisamente que eso que nos hace mal es lo atractivo y opera como sostén del vínculo. Es decir, que si dejara de tenerlo, perdería su "atractivo".

Supongamos que estoy con una pareja y no aguanto que me mandonee y me dé instrucciones todo el día: *¡Parece mi jefe más que mi pareja!* A simple vista podría decirse: *Lo que necesita es una pareja como ella, pero que no mandonee; ahí sería la mujer ideal.* Pero luego, para sorpresa de todos, cuando conozco a alguien que no mandonea, dejo de sentirme atraído. ESO es lo que llamamos "tóxico": que lo que hace mal es, a su vez, el "gancho" del vínculo. Y es por eso que no nos resulta sencillo descubrir; porque buscar lo que sostiene el vínculo en aquello de lo cual nos quejamos suena ilógico.

¿Cómo emprender la búsqueda para encontrar ese famoso SOSTÉN?

Primero, como decíamos, dejando de lado esta lógica de pensamiento en donde lo que sostiene DEBE ser algo positivo. Insisto, si una decisión aparece por algún motivo inhabilitada/imposibilitada

necesitamos buscar en aquellos aspectos no necesariamente positivos.

Segundo, empezando a registrar aquellos **aspectos que se repiten** (en mi vida, en los vínculos, en ESE vínculo), que no me gustan y que me hacen sufrir. Ante ellos tenemos dos posturas posibles. Una, pensar que existe una nube negra que nos maldice, nos persigue por donde vayamos y convierte todos nuestros vínculos en una fuente de sufrimiento. Y otra, que hay algo (inconsciente) que nos lleva a repetir vínculos que comparten este mismo aspecto que hace mal. Una podemos trabajarla; para la otra, necesitamos del poder de una bruja.

Ahora, ¿en qué consisten estos aspectos que operan como sostén?

Por un lado pueden ser mandatos, exigencias, patrones de conducta o caminos ya marcados que indicarían lo que "**tengo que** hacer", "por dónde **tengo que** ir", "cómo **tengo que** actuar" que, por algún motivo, quedaron instalados y que no se sostienen por aportar bienestar, sino por "cumplir" con el modo en que "las cosas DEBERÍAN ser" (*Así debería ser un trabajo, así debería ser una pareja, así debería…*).

También puede tratarse de aspectos que cumplen cierta función, una utilidad; con lo cual, a pesar de hacerme sufrir, no resultan prescindibles como para sencillamente abandonarlos. Siguiendo el ejemplo que mencionábamos recién: puedo detestar que mi pareja se comporte como un jefe, pero si deja de cumplir ese rol tal vez me sienta desorientado, solo o hasta poco querido, con lo cual NECESITE de ese "jefe". Pero claro, al no tratarse de mecanismos conscientes que nos hagan posible ver su presencia/injerencia (tanto en lo que debería hacer como en su funcionalidad), nos sentimos incapaces de rechazarlos o abordarlos.

Por otra parte, ir CONTRA ellos como si se tratara de un enemigo externo (ejerciendo la fuerza de voluntad), nunca termina de ser del todo efectivo ya que esa "batalla" es vivida como contra uno mismo. De ahí que no sea tan sencillo "dejar de hacer eso que me hace mal", porque cualquier movimiento en dirección a "soltar" es a la vez ir en mi contra y, por eso, es vivido con angustia. Buscar extirpar estas situaciones (a través de estas grandes decisiones) como si se tratara de cuerpos extraños es un error de enfoque y la causa de que quedemos atrapados en esas dos opciones de las que hablamos al comienzo.

Para poder abordarlo NO necesitamos buscar extirparlo sino, por el contrario, INTEGRARLO a nuestra forma de pensar y sentir; y empezar a rastrear cómo fue que eso se constituyó en la única forma de vínculo posible (*¿Cómo es que se instaló que una pareja DEBA SER alguien que mandonea?*). Al tratarse de mecanismos inconscientes es lógico que necesitemos de ayuda, de terapia para empezar a desarticular estos procesos. Pero, de todas formas, emprender La búsqueda de un modo no intuitivo, intentando habilitar otras formas posibles de vínculo por fuera de lo que repetimos, es un buen comienzo.

Entonces, cuando en estas grandes decisiones se hace evidente la necesidad de una resolución, pero aun así esta no aparece habilitada, podemos estar seguros de que desconocemos qué está sosteniendo ese vínculo. Y así como sucede en el ejemplo de las parejas, ocurre con todas otras grandes decisiones a las que no nos animamos: se analizan sin tener presente el eje central del problema.

> **Mientras más te enfoques en el "¿me animo o no me animo?", más vas a postergar tu decisión.**

Cuando entendemos que lo que nos detiene no es la falta de coraje sino el tener variables aún sin resolver, nos encaminamos a habilitar una decisión.

¿Cómo sé si voy por el camino correcto o ya es hora de darme por vencido?

En momentos de confusión, en los que algunos desafíos ponen en duda el objetivo de persistir por un camino, es lógico que se nos presenten interrogantes del estilo:

¿Cómo sé si aquello por lo que estoy luchando, ya sea una carrera, un trabajo, un emprendimiento, una dieta, una relación, merece mi persistencia o si, en realidad, el desafío que me presenta es una señal de que tengo que ir por otro lado? ¿Cómo sé que no estoy subiéndome a un ring que no me pertenece solo por el hecho de "probarme" algo a mí mismo? ¿Cuáles son las señales para saberlo?

Algunos creen que el criterio está en el grado de éxito alcanzado en ese recorrido. Lo cual es una forma de buscar que la "realidad" aporte una respuesta *objetiva* que diga si está bien por donde voy o no. Por ejemplo, quiero dedicarme a la música pero tengo dudas de si se trata efectivamente de "lo mío", entonces la forma de encontrar la respuesta sería chequeando variables tales como la respuesta del público o los resultados económicos que estoy obteniendo. Si esos valores resultan negativos la respuesta es NO, *tengo que dedicarme a otra cosa.* Pero está claro que ese parámetro de "realidad" no es tal. ¿Con qué criterio establezco que se trata de resultados OBJETIVAMENTE negativos? ¿En qué período de tiempo debería evaluarlos? ¿Comparando y tomando a quién como referencia son negativos? Es decir, es falso pensar que esa forma de evaluar nos aporta una respuesta inobjetable. Por otro lado, están los que creen que la respuesta para resolver estos dilemas es sencillamente PERSISTIR a pesar de todo: *Si aún no estás logran-*

do los resultados que querés, tenés que ajustar, mejorar, buscar distintas alternativas HASTA LOGRARLO.

Entonces, entre estas opciones disponibles:

» Ya es tiempo suficiente, esto NO funciona.

» Hacé todo lo necesario HASTA QUE FUNCIONE.

La pregunta es: *¿Quién tiene razón? ¿A quién escucho? ¿Hasta dónde insisto en lo que estoy involucrado? ¿Cuándo me doy por vencido?*

Así como hablábamos antes de que cuando quedamos acorralados entre dos opciones "sin salida" tenemos que ampliar la perspectiva, en estos casos también tenemos que hacerlo para poder destrabar este "encierro". Entonces el análisis que nos va a aportar una mirada diferente, y va a permitir construir una tercera alternativa, es la de corrernos del dilema PERSISTIR/DESISTIR para dar lugar a otra pregunta: *¿No será que existe alguna señal de atragantamiento en esta situación? Entonces, ¿qué es lo que me atraganta de este tema?*

Hacernos estas preguntas va a permitir convertirlas en un problema que sí podemos abordar: **CÓMO DESATRAGANTARNOS.**

Por eso, lo que tenemos que analizar no son tanto los indicadores de (mayor o menor) éxito, sino más bien las señales de atragantamiento.

¿Cuáles son algunas de esas señales? Como fuimos viendo:

» Reviso y replanteo **permanentemente** la decisión de si quiero seguir por ese camino o no.

» Generalmente la paso mal en donde sea que esté.

» No busco activamente soluciones al problema.

» El problema es prioridad, pero no así solucionarlo.

En estas señales queda claro que no se pone tanto en juego el camino cuestionado, sino más bien nuestras formas de ser y reaccionar, las cuales hablan principalmente de nosotros.

Cuando el problema es de atragantamiento, lo que tengo que trabajar tiene más que ver conmigo que con el otro o con el camino elegido. De ahí que sea posible abordarlo. ¿Esto significa que la carrera estaba bien elegida, que la pareja era la correcta, que el emprendimiento era el que quería y que el que tiene que cambiar o mejorar soy yo? No. Significa que nunca voy a destrabar la decisión final sin antes resolver lo que está frenándome.

> **Revisar lo que pasó: otra forma de no atragantarse o desatragantarse.**

¿Cómo revisás lo que hiciste?

Antes fuimos viendo herramientas sobre cómo prepararse, cómo contestar, cómo reaccionar, cómo actuar para prevenir una situación que nos deje atragantados.

Ahora esto nos puede llevar a creer que si uno no reacciona o responde rápido y exactamente como quisiera en torno a ese ideal de respuesta, necesariamente va quedar condenado a atragantarse. Esto no es así, porque la situación nos llevaría a ser personas súper impulsivas, poco reflexivas o, al menos, a inundarnos de ansiedad con la histeria y estrés típicos del que tiene UNA oportunidad y debe jugarla bien y rápido. Es decir, esto nos dejaría en un estado de alerta insoportable por tener que actuar siempre acorde a ese "ideal". Así que, por supuesto, esa no es la idea.

Existe una segunda instancia, posterior. A veces en relación a situaciones de conflicto, y a veces en situaciones afectivas, *me hubiera gustado decirle que la quiero, pero no sé, me puse nervioso, no sabía cómo actuar*. Esa segunda instancia tiene que ver con la REVISIÓN que hacemos respecto de lo que pasó; la historia, la versión que nos contamos sobre los hechos. Entonces, la pregunta es: una vez que la situación pasó, ¿qué versión nos contamos a nosotros mismos? Suponete que algo te agarró por sorpresa y tu reacción espontánea natural no es la que elegirías como reacción ideal, ¿qué vas a hacer? ¿Te vas a reprochar por no haber hecho otra cosa? ¿Por no tener otra personalidad? ¿Y vas a luchar contra lo inevitable (tu forma de ser y los hechos que ya sucedieron)?

Existe otra manera de revisar los hechos y tener una versión diferente, en la que no me piense a mí mismo como un tonto que reacciona exactamente del modo en que no quiero. Y esa revisión tiene que ver, por un lado, con conocerme (*Sí, yo reacciono así en ese tipo de situaciones, ¿cuál es la sorpresa? Y, principalmente, ¿cuál es el problema?*).

Y segundo, con la COMPRENSIÓN. Por ejemplo: *Cuando estoy tímido o nervioso hablo o respondo así; me agarró de sorpresa y no sabía qué decir. Los vi y me inhibí.*

¿Cuál es el problema con esta revisión? ¿Me va a condenar a vivir atragantado? Todo lo contrario, esa revisión me va a liberar y, en consecuencia, a desatragantar. No es una historia de superhéroes lo que necesitamos. De hecho es justamente la aspiración y la expectativa de tener historias de superhéroes lo que termina atragantándonos.

Revisaste alguna vez: ¿con quién estás comparándote? Es decir, ¿quién está diciéndote que tendrías que haber reaccionado de una manera diferente?

¿Acaso esa no es tu forma habitual, la que tiene que ver con vos? ¿Acaso no es posible o no está permitido que te pongas nervioso? ¿No es posible que la situación te haya agarrado desprevenido?

Cuanto más te conozcas, cuanto más pongas sobre la mesa lo que sucedió y menos ocultes, más comprensivo podés ser, y menor gravedad le vas a conceder al tema. Así, la escena va a perder su poder porque, en definitiva, la revisión puede terminar con un *¿Y quién no se puso nervioso y dijo cualquier cosa alguna vez?*, claro, todos. Eso es poner las cosas sobre la mesa. Permite una revisión comprensiva, natural, liberadora y alejada de los superhéroes. Es por eso que, más allá de todas las herramientas que vayamos viendo a fin de mejorar, siempre existe esa segunda instancia, una revisión que nos da la versión "final" de los hechos. Y si nosotros nos convertimos en los jueces de nuestros propios juicios, sería bastante curioso fallar en nuestra contra. Tu revisión es TU fallo, ¡fallá a tu favor!

¿Cómo mejorar mi revisión?

» Echando luz sobre lo que pasó, poniendo todas las cartas sobre la mesa y explicitando cómo me sentí.

» Entendiendo el *por qué hice lo que hice*, ya que la comprensión en sí misma es, de por sí, tranquilizadora.

» Teniendo una mirada comprensiva, compasiva y realista sobre nosotros mismos: ¿por qué deberíamos ser un superhéroe de las reacciones?

Empezá a tratarte bien

Entonces dijimos que, en pos de mejorar la propia revisión, es necesario tomar una postura comprensiva y compasiva hacia uno mismo. Pero, aunque esto parezca sencillo (y hasta una obviedad), no es el camino que solemos tomar. Entonces para poder visualizarlo más claramente pensémoslo en relación a los otros.

Si quisieras persuadir y llegar a un acuerdo con alguien, ¿cómo le hablarías? ¿A los gritos y con maltrato? Lo dudo. De hecho, lo más probable es que pienses no solo en hablarle bien, con buenos modos, sino también intentando identificar qué es lo que quiere y le conviene. Bueno, lo mismo tendría que suceder cuando hablamos con nosotros mismos. Deberíamos tener presente ESTE estilo de conversación y no el de un jefe maltratador que cree que el castigo es la mejor estrategia para hacer reaccionar y progresar a su empleado. Cuando nos hablamos a nosotros mismos de mala manera, solemos desconocer esta realidad que parece tan evidente al verlo desde afuera.

Existe una falsa creencia, que fueron instalándonos desde nuestra formación y educación, que dice algo así como: *el que no progresa en la vida es porque es flojo y necesita mano dura.* Con lo cual se promueve la creencia de que todo aquello que no estemos haciendo o logrando necesitaría de nuestra parte un pequeño *correctivo* o, al menos, un suave golpecito de alerta en la cabeza. Ahora, ¿cuál es la creencia de fondo? Que estamos siendo demasiado compasivos y suaves con nosotros mismos y por eso no logramos nuestros objetivos. Esto es lo mismo que pensar que el chico que no cumple con su tarea es porque están siendo demasiado buenos con él.

Nada más alejado de la realidad. Las personas sufren (y logran poco) por lo MAL que se tratan a sí mismas. Lo cual hace que queden más atragantadas aún. Porque todas sus REVISIONES y lecturas son negativas. Pero la creencia instalada es que las personas que no están teniendo resultados es porque revisan su pasado y sus historias de forma comprensiva o compasivamente consigo mismas, y por eso no progresan.

La justificación de esa mirada sería algo así como: *Si realmente le interesara mejorar haría cosas distintas, buscaría cambios y no se quedaría quieto en donde está.*

¿Será así? Yo me pregunto, ¿qué le pasa al alce en el medio de la ruta frente a las luces de un auto que se acercan a él a toda velocidad? ¿Será que no le interesa sobrevivir y por eso se queda quieto esperando que lo atropellen? Si no fuera así, ¿no correría en vez de quedarse paralizado?

Nosotros, muchas veces, estamos como el alce, paralizados ante esos reflectores-juzgadores (ya internalizados) que no hacen más que criticarnos y hablarnos de un modo tan negativo que ni un extraño se animaría a hacerlo así.

> **Si queremos desatragantarnos, salir de esa parálisis, movernos, necesitamos empezar a tener una revisión positiva, compasiva y comprensiva sobre nosotros mismos**

Aprovechar el atragantamiento constante como SÍNTOMA

¿Qué pasa si aún con las herramientas y recursos que fuimos viendo sigo atragantándome y, una vez que me atraganté, las revisiones que hago tampoco me liberan? ¿Qué hago?

Dijimos que tomar en cuenta distintas estrategias sobre cómo responder o actuar no se hace con el fin de sentirse bueno en TODOS los rubros y con cada respuesta. Porque apuntar a eso es lo mismo que subirse a todos los rings. Y esa NO es la idea.

¿Pero qué pasa si tengo muchas situaciones en las que no sé cómo actuar y todas me dejan atragantado? Ya hablamos de la necesidad de aprovechar los atragantamientos para tomarlos como síntomas y, a partir de ellos, tener un diagnóstico de cómo resolverlos.

Si mi problema es que TODO me deja atragantado, el diagnóstico correcto no es *tengo que aprender a reaccionar en TODAS las situaciones que me atragantan*. El diagnóstico es que claramente hay caminos importantes en mi vida que están bloqueados y hacen que cualquier situación me produzca ese estado. Entonces, una forma de arrasar con tantos atragantamientos va a consistir en habilitar caminos más profundos e importantes que están siendo bloqueados.

Llevar la vida que queremos es lo que nos da oxígeno. ¿Por qué? Porque cuanto más conectados estamos con lo que queremos, menor es la cantidad de *rings* a los cuales buscamos subir y más fácil es descartar lo que no nos interesa. Porque, en definitiva, no todos los atragantamientos se resuelven por saber abordarlos. Muchos se resuelven sencillamente bajándoles el volumen y la intensidad. Pero no por mirar hacia otro lado, haciéndonos los distraídos, sino enfocándonos concretamente en lo que sí queremos.

**Los síntomas nos regalan información.
No los demonices.**

Los síntomas pueden hacernos sufrir o molestarnos, pero no son la causa de nuestros problemas, sino la consecuencia. Si el auto me hace un ruido feo cuando el motor recalienta no tengo que pegarle un palazo a esa alarma molesta que no me deja manejar (¡es a propósito que no te deja!). Pero más allá de que estas analogías a esta altura sean obvias, seguimos demonizando y tratando, bajo todo punto de vista, a los síntomas como los grandes causantes de nuestros inconvenientes. Es por eso que soy crítico de todos los métodos que apuntan a eliminar la negatividad o malestar desde el positivismo y las buenas formas, porque se trata de diferentes estrategias que tienen como único fin apuntar a eliminar los síntomas. Y son ellos, justamente, los que nos están dando información poderosa y precisa sobre cómo estamos.

Che, estás muy criticón, todo te molesta y te parece que está mal, tendrías que empezar a levantarte y repetir frases positivas… Estos son los consejos seudopositivos de autoayuda que solemos escuchar y que terminan construyendo personas contracturadas, robotizadas y, por sobre todas las cosas, desconectadas de sus propios síntomas".

El rechazo a saber lo que tenemos realmente en nuestro interior, a saber lo que nos pasa y nos tiene mal, es siempre el mismo: el temor a que salga un demonio que luego no podamos controlar.

No hay que tener miedo de nuestro interior. Primero, porque siempre es menos dramático de lo que creemos y, segundo, porque por más que no lo exterioricemos… va a estar presente de todas formas. Por lo tanto la consecuencia de tomar los síntomas como EL problema es que:

» Aún eliminando el síntoma, el problema subsiste.

» Enfocarse en eliminar el síntoma es enfocarse en eliminar INFORMACIÓN valiosa; por eso, todo lo que apunte a hacer desaparecer dicha información, ayuda a que sepa menos sobre mí mismo.

5- PSICOANÁLISIS: EL LADO OSCU-RO DE NUESTRAS VIDAS

TODO LO QUE NO SABEMOS Y NOS ESTÁ DEJANDO ATRAGANTADOS

Psicoanálisis. Por qué es el lado oscuro

Suele usarse la expresión "El lado oscuro…" para hablar de eso que no se ve, como en el caso de la luna y esa "cara" que nunca puede observarse desde la tierra. El famoso *lado oscuro de la luna*. En este caso, en el psicoanálisis, el lado oscuro aplica tanto a **lo que no podemos ver** como al efecto **siniestro** que produce registrar aquello, hasta ese momento, totalmente desconocido de nosotros mismos.

El psicoanálisis tiene ese poder siniestro de descubrir material desconocido y revelador con la particularidad de ya estaba delante de nuestros ojos. Descubrir estos mensajes tan significativos, y que estuvieron siempre a la vista, es lo que genera impacto y, a la vez, este efecto siniestro. Algo así como lo que nos genera la revelación del final de "Sexto sentido"[9], al haber tenido la información delante de nuestros ojos durante toda la película.

MI vínculo con el psicoanálisis surgió inicialmente con mi propia experiencia como paciente, la cual fue tan positiva y fascinante que me llevó a estudiar la carrera de psicología en una Universidad con orientación fuertemente psicoanalítica. Pero aun habiéndome involucrado desde el lado del estudio y la formación como psicólogo, seguí identificado con la perspectiva del paciente, ya que es-

---

9 Película de 1999, dirigida por M. Night Shyamalan con Bruce Willis.

tuvieron constantemente presentes en mí sus efectos y beneficios concretos (los cuales parecen esfumarse al escuchar sobre teoría psicoanalítica). De ahí que nunca haya conectado con ese costado abstracto, críptico, confuso, que tantas veces proponen los psicoanalistas, en donde poco tiempo después de empezar a escuchar o leerlos uno se percata de que no tiene la menor idea acerca de qué están hablando y, por sobre todas las cosas, que parecen totalmente desinteresados en dar a entender por qué sería importante (o al menos si serviría de algo) analizarse.

Siempre pensé: *si a mí, que me encanta el tema y además lo estudié, me ocurre esto, ¿cuánta gente se estará quedando fuera de ese mundo por su apariencia confusa, abstracta y poco resolutiva?*

Supongo que muchos posibles pacientes podrían decir: *Que estos genios eruditos sigan debatiendo y filosofando, mientras yo me voy a buscar un profesional que pueda ayudarme en las cuestiones que están angustiándome.*

Personalmente mi objetivo, tanto cuando escribo como cuando hablo, es que se ENTIENDA y llegue a la mayor cantidad de gente posible. Es decir, en ese punto no conecto con el costado elitista del mundo psicoanalítico. Y siempre fue un deseo que más personas pudieran tener acceso al psicoanálisis, porque creo que nadie debería perderse de algo tan poderoso en materia de desatragantamiento. Veamos entonces, de manera sencilla y concreta, por qué recomiendo hacerlo.

Por qué se conoce tan poco sobre psicoanálisis

Claro que se conoce la palabra psicoanálisis, pero si le preguntás a alguien en qué consiste, para qué sirve, difícilmente sepa darte una respuesta. Y en este sentido, cuando escucho debates sobre el porqué de su escasa difusión como herramienta poderosa para hacernos la vida más linda y sencilla, pienso que la explicación es bastante más simple de lo que se cree.

A veces se entra en la idea autocrítica de *¿Será porque no se logran los resultados suficientes y por eso la gente se vuelca a otras terapias o ayudas alternativas? ¿Qué cosas habría que mejorar?* Todo se puede mejorar, pero creo que la respuesta es la misma que para cualquier producto o servicio que no esté teniendo la difusión suficiente: ¡¡¡**problemas de marketing**!!!

Mi opinión es que la gente hace mucho menos psicoanálisis de lo que debería y la razón es su escaso o fallido marketing. Tal vez porque para ese mundo críptico pensar en marketing suena a sacrilegio, pero la realidad es que no hay muchas más razones que esas. No es cierto que se vean resultados más lentos, ni que sea un espacio para "explorar" el pasado y en ALGÚN momento lejano llegar a mejorar algo, o para filosofar acerca de la vida. El psicoanálisis es uno de los espacios más concretos y directos para trabajar el atragantamiento, entre otros motivos que ya veremos, porque **no se busca controlar o dominar algo de sí**, sino más bien darle lugar.

Por qué hacer psicoanálisis

Primero que nada porque nos permite llegar a lugares totalmente inexplorados que están jugando un papel decisivo en nuestra vida.

Si estoy haciendo algo que me perjudica y no dejo de repetirlo, ¿qué sentido tiene que venga un profesional a decirme que deje de hacerlo? Eso ya lo sé, y es por eso que estoy consultándolo, justamente porque necesito que alguien me ayude a entender.

Hacer psicoanálisis no es para ejercitar nuestra disciplina o trabajar nuestro carácter de modo tal que tengamos la "fuerza" para evitar repetir eso que nos hace mal. Hacerlo sería partir de la hipótesis de que los seres humanos repetimos por "flojos" o por debilidad para dominar nuestros impulsos. El psicoanálisis trabaja sobre el supuesto de la existencia de un inconsciente que opera más allá de la voluntad, y es allí hacia donde se dirige. Esta es la razón por la cual tiene un alcance diferente a cualquier estrategia que solo apunte a destacar lo mal que nos hace aquello que repetimos. Ya que en esos casos solo se tiene en cuenta nuestra parte consciente, "racional" y, de ahí, lo limitado de los resultados.

Otra razón es que no es un espacio moral. Es decir, no es un lugar en donde esté en juego lo que "está bien" y lo que "está mal". Se trata de un ámbito que habilita a pensar en lo más profundo porque no hay "riesgo" de llegar a un límite prohibido. Habilita a pensar lo extraño, rebuscado, complejo y hasta contradictorio del ser humano, sin intentar hacerlo encajar en una estructura "lógica" y comprensible que, como dije, luego nos contractura y deja atragantados.

Y, por último, porque el psicoanálisis es un excelente camino para dirigirnos hacia el mayor punto de libertad que podamos lograr: AUTORIZARNOS A NOSOTROS MISMOS; ya que, en definitiva, desatragantarse y vivir la vida que queremos consiste en ir hacia ese tipo de libertad.

La única regla del psicoanálisis

El psicoanálisis tiene como única pauta proponernos expresar lo que nos venga a la mente sin limitarnos por el prejuicio de que pueda parecer loco, sin sentido o vergonzoso. Lo cual marca desde un principio una diferencia estructural con otras disciplinas, porque no hay allí una intención de controlar lo que podamos decir, o de "dominar" nuestra mente, sino más bien de promover y habilitarnos para decir aquello que, por algún motivo, preferimos callar. Y, contrario a lo que un prejuicio inicial podría hacernos suponer, esto no hace de la sesión un espacio delirante en el que se divaga hablando de cualquier cosa; sino que justamente el hecho de no limitar aquello que queremos decir (aun hasta cuando parezca sin sentido) da la posibilidad de explorar lo que desconocemos de nosotros mismos y está jugando un rol decisivo.

Detrás del "decir todo lo que venga a la mente" se parte de la premisa de que ese contenido, bajo ningún punto de vista, es "cualquier cosa". Y es justamente esta pauta lo que habilita a hablar y pensar de otro modo en ese espacio, distinto al que tenemos en la vida cotidiana con un amigo. Por esa razón vamos al psicoanalista: para empezar a escuchar aquello a lo que no accedemos con un conocido ni en un diálogo con uno mismo.

Vas a aprender a hablar

Uno de los efectos que empieza a generar desde el principio es el de aprender a hablar. Y esto es fundamental porque, si no sabemos hacerlo, por más que contestemos a todo (es decir que supuestamente no nos guardemos nada y creamos que de ese modo no va a haber posibilidad de quedar atragantados), la realidad va a ser otra. Si no sabés decir exactamente lo que querés decir es como que te hagan un masaje que nunca llegue al nudo que te tiene contracturado.

Saber hablar no tiene tanto que ver con la amplitud del vocabulario ni con la capacidad intelectual sino con la PRECISIÓN; es decir, con la capacidad de expresar exactamente lo que uno quiere. Y esto presenta una doble función: la de comunicar un mensaje que le llegue al otro, pero también la de liberarnos: ¡Era EXACTAMENTE ESO lo que quería decir!

Uno puede gritar, patalear o hablar fuerte (subiendo el tono de voz, insultando, yéndose, con una mirada, un gesto, etc.) pero lo único que va a tener el efecto de desatragantarnos es decir EXACTAMENTE eso que queremos expresar.

Puedo pasar gritándole a cada uno de quienes hacen o dicen algo que no me gusta pero, aun así, vivir atragantado. De hecho, quienes conviven con ese nivel de conflicto y "grito" están así precisamente porque nunca terminan de descargarse. Y acá vale nuevamente el ejemplo del masaje: *Si vive haciéndose masajes ¿por qué está contracturado?* Porque en ningún caso logra ir exactamente al punto que lo está afectando. Por eso es fundamental SABER hablar. Es decir, tener "agudeza" al pensar y expresarse.

El psicoanálisis tiene el efecto de instalarnos una forma de pensar y hablar diferentes. Se trata de una mirada que va más allá de los análisis cotidianos y más evidentes. Una perspectiva distinta a la que solemos tener.

Veamos algunos de sus beneficios:

1. Nos enseña a HABILITAR pensamientos que habitan en nosotros pero que desconocemos, ya que en algún punto los rechazamos. Se trata de pensamientos que, si explicitáramos, podrían hacernos sentir mal o entrar en contradicción con lo que creemos que es correcto sentir/pensar; por eso los mantenemos alejados.

    Para que se entienda mejor veamos un ejemplo sencillo como es el caso de la ENVIDIA: *¿Yo? ¿Cómo le voy a desear el mal a alguien si soy una buena persona? Y menos a una persona que quiero. Eso no es posible.* Con lo cual ni siquiera llegamos a barajar esa posibilidad; la descartamos de plano antes de siquiera pensarla. Pero claro, recordemos que todo lo que nos guardamos, todos esos caminos no habilitados, son los que luego van a ir atragantándonos.

    El psicoanálisis nos habilita a pensar diferentes opciones, conexiones que no son difíciles de descubrir, pero que aparecen ocultas, inconcebibles, por miedo a que deriven en una conclusión "prohibida" del estilo: *Pensar esto, ¿no me transformará en una mala persona?* De ahí, de esas reflexiones inhabilitadas, es que va fomentándose el autodesconocimiento y el posterior atragantamiento. La habilitación de esos caminos, gracias al psicoanálisis, es lo que va a ayudarnos.

2. En línea con el punto anterior, va a hacernos entender que es posible que algo desconocido, extraño y AJENO, pueda habitar en uno. Casi como la reacción del paciente frente al cirujano cuando este le muestra lo que le acaba de extraer y *no puede creer cómo* es que eso estaba adentro de su cuerpo.

   En estos descubrimientos aparecen reacciones del estilo: *¿Cómo puedo YO pensar eso?", ¿ESO es mío?* El psicoanálisis nos ayuda a pensar sin escandalizarnos; es decir, a sorprendernos de nosotros mismos, de aquello que nos habitaba, pero sin la necesidad de tener que rechazarlo/negarlo.

3. Y otra cuestión que nos enseña es a buscar los BENEFICIOS o funciones que hay detrás de aquello que nos hace sufrir, a pesar de lo contradictorio y anti intuitivo que pueda sonar. Y esto no tiene que ver con que seamos masoquistas (podemos serlo un poco), sino con que existen beneficios responsables de que sigamos repitiendo aquello que nos hace mal. Es trabajo del análisis descubrir esos beneficios.

4. Nos ayuda a eliminar las "IMPLICANCIAS".

   Vivimos conectando situaciones con consecuencias e implicancias: *Si hago esto, entonces va a pasar esto. Si siento esto, implica lo otro.* Y en este sentido TODO IMPLICA ALGO, con lo cual no medimos cada movimiento únicamente por el deseo de ese movimiento en sí, sino más bien por su implicancia. Esto trae como consecuencia limitar muchas acciones y pensamientos, con el posterior resultado de quedar atrangantados. Uno de los principales efectos del psicoanálisis es lograr la desconexión de estas implicancias aparentemente inamovibles, necesarias e inevitables.

Otras consecuencias:

Quitarle peso a las palabras:

Como ya mencioné, una de las GRANDES razones por las cuales evitamos hablar es por el **peso excesivo** y las IMPLICANCIAS que le damos a lo que vamos a decir. Por creer que cada palabra es demasiado "fuerte" o va a tener consecuencias demasiado graves. *Si digo esto, tal se va a ofender o va a pensar mal de mí. O si digo tal cosa entonces ya quedo atado.* Por ejemplo, el caso de alguien que no quiere hablar mucho del futuro con su pareja ni decirle que la ama porque eso ya le va a implicar un compromiso, un "contrato" a futuro que luego no va a poder romper. El psicoanálisis vendría a ser esa voz que reorienta con la simple pregunta: *¿Quién te dijo que después no podés tomar un camino diferente?*

Si hago esto, entonces quedo atado a esto otro. *¿Y quién lo dijo?*

Si hago esto entonces ya no puedo hacer lo otro, *¿Y por qué no? ¿Quién dijo que ya no podés? ¿Cómo fue que se instaló esa idea?*

Todas estas ataduras tienen origen en ese peso EXTRA que le cargamos a las palabras y que hacen que optemos por callar.

El psicoanálisis ayuda a reducir ese respeto reverencial. Y no por restarle importancia a lo que decimos, sino por quitar ese peso adicional. Ese exceso, esa carga pocas veces está relacionada con la importancia que le damos, sino más bien con todo lo enlazado a lo que queremos expresar. Es decir, no es tanto esa palabra o esa situación en sí el problema, sino cuanto que se condensa por detrás.

¿De qué se trata ese EXTRA que hace que las palabras se transformen en cuestiones tan PESADAS, inexpresables?

Se trata de cuestiones que quedaron enlazadas, como una mochila que se colgó y dio peso a la cuestión.

Podría ser el caso de alguien que tiene una propuesta de trabajo para presentar a su jefe, pero siente pánico de ir a hablarle a pesar de ser alguien que no suele provocarle ningún tipo de inhibición. La propuesta en sí tampoco parece tener un peso tal que provoque esa reacción. Entonces la cuestión a analizar e indagar no es tanto la escena en sí, sino aquello que quedó "condensado" por detrás: lo que un jefe representa para esa persona, lo que implica ser aquel que lleva una propuesta, el tomar un rol de protagonismo, progresar, etc. Podría ser que en su fantasía esa propuesta represente, inconscientemente, un progreso hacia un lugar que su padre siempre deseó pero nunca alcanzó y, en consecuencia, se perciba como una *traición* hacia él que lo lleva a activar mecanismos para detenerse; en este caso, el pánico a hablarle a su jefe.

De ahí que la carga emocional no se explica tan sencillamente con el: *Y, obvio que me pongo nervioso, es lógico porque es mi jefe.* Tampoco va a ser efectivo estimularlo a que lo haga, ya que estaríamos empujándolo a realizar un acto que le provocaría sufrimiento.

"Desenganchar" esa carga adicional es lo que va a hacer que lo que tengamos para decir sea más liviano y, en consecuencia, más probable que podamos expresarlo. Por lo tanto, cuando alguien lo sufre, no se trata de convencerlo de que "*¡no es tan importante!*" y que no le ponga tanta presión a lo que tiene que decir. Esos son consejos para su consciente. Y el enganche que lo hace padecer es a nivel inconsciente.

¿Cuál fue esa mochila que se "enganchó" y cómo "desengancharla"? Ese es el trabajo del psicoanálisis. Resolver estas cuestiones que parecen sencillas puestas en papel, pero que nos pueden arruinar la existencia en la práctica.

No actuar por miedo a poner TODO EN JUEGO

Hay veces en las que no decimos lo que queremos por un miedo excesivo a poner TODO EN JUEGO. Como si cada movimiento fuera definitivo y final, con lo cual tiene sentido quedarse inmóvil y no decir nada. El problema es que los mejores resultados de la vida en términos de placer, satisfacción o éxito en general vienen de la mano de poder hacer lo que uno quiera sin la fuerte limitación que impone el estar TODO EN JUEGO (ya sea una relación, un trabajo, una amistad, mi reputación, etc.).

Es muy común que exista una mirada totalmente errónea respecto del coraje, la valentía y la cobardía. Como creer que quien habla o actúa es porque *se anima a todo*; y el que no, porque es un cobarde. Sin embargo la mayoría de las veces el que habla y actúa no es un gladiador, sino que simplemente entiende que no está poniendo tanto en juego.

El que se autodefine como cobarde (por no actuar lo "suficiente") se autocastiga y atraganta por ello; y pierde de vista que, en verdad, su inacción no tiene que ver con una falta de valentía, sino con la errónea idea de que en cada paso TODO ESTÁ EN JUEGO.

> Desconectar acciones puntuales de ese
> TODO-ABSOLUTO es trabajo del psicoanálisis.

El psicoanálisis como el juego de los palitos chinos

Para mí la mejor descripción del efecto del psicoanálisis es tomar de ejemplo el juego de los palitos chinos. Donde el desafío es ir retirando uno a uno los palitos sin que los demás se muevan. Es decir, generando independencia entre ellos. Entonces, si pensamos los distintos palitos como nuestras diferentes áreas de vida o nuestros diferentes problemas, podemos ver que, cuanto peor estamos, mayor es la "maraña" y, en consecuencia, con mayor facilidad se conecta un tema con otro.

Alguien me dice algo y afecta TODO en mi día: mi vida, mi humor; me quedo pensando en eso y absorbe entonces mi energía. Eso es tocar un palito y que él mueva a todo el resto. Es decir, alguien me dijo algo que no me gustó y lo conecté con todos los rubros de mi vida: "todo está mal", "todos me hacen lo mismo", "todos están en mi contra". Ese sería un ejemplo de la maraña emocional.

El psicoanálisis no nos convierte en inmunes a los problemas, conflictos o críticas, sino que desarticula y desconecta un tema del otro. Así, al quedar aislados, al afectar solo a uno, no se afecta el otro. Y, en definitiva, eso es lo que hace que los conflictos no generen tanto eco.

¿El psicoanálisis sirve para quedar "anestesiados"?

Una de las falsas creencias es la de pensar que su *poder* radica en la capacidad de "anestesiarnos" y que ya nada logre importarnos; con lo cual el motivo por el que no quedaríamos atragantados sería sencillamente que "nada nos importa". Pero esto no es así.

La expectativa de que algo deje de afectarnos por restarle importancia es como jugar un partido infiltrado para no sentir el dolor de la lesión: en esos casos se deja de **percibir** el dolor pero la lesión sigue presente; de hecho, suele agudizarse con ese método. Si algo me afecta y atraganta es porque existe alguna cuestión a atender. Buscar que alguien (o uno mismo) diga: *no te preocupes por eso, tenés que restarle importancia* es semejante a intentar "anestesiar" el problema. Si algo tiene una carga extra es necesario *desengancharlas*. Todo lo que apunte a mirar a otra parte, todo lo que apunte a restar importancia, solo va a dilatar la resolución del tema. Intentar "quedar anestesiado" es, en definitiva, suponer que no es posible solucionar o superar un tema, por lo que no quedaría más remedio que *mirar para otro lado*. No es a eso a lo que apuntamos.

Otra fuente de atragantamiento, los COMBOS

Si yo te digo "combo", ¿qué te viene a la mente? Seguramente un **conjunto** de cosas y principalmente algo **PREdefinido/establecido** (como por ejemplo los *combos de hamburguesas* con papas fritas y gaseosa).

¿Qué problema suelen presentar? Que a veces quiero una parte de un combo y otra parte del otro, pero quizás ninguno así tal cual está.

Eso mismo es lo que nos suele suceder con los distintos caminos que nos ofrece la vida, en donde aparecen opciones predefinidas que, en su totalidad, ninguna es a nuestra medida/gusto. Por ejemplo, disfruto de juntarme con algunos amigos, me divierto, pero varios aspectos de su estilo de vida no coinciden con lo que quiero. ¿Cuál es el problema? ¿Qué COMBO puede armarse en mi mente? La idea de que tengo solamente dos opciones: juntarme con ellos con la *exigencia* de TENER QUE ser como ellos, o no juntarme más y perderme la diversión. Es decir, sentir la necesidad de elegir entre dos opciones que, en su conjunto, no son tal como quiero. Y este razonamiento no es caprichoso, ya que de ahí es de donde surge el famoso consejo que promueve juntarse con gente que tenga el tipo de vida que uno quiere tener. Porque, al existir la tendencia a "comprar combos completos", es esperable que juntarse con cierto estilo de personas lleve a adoptar su modo de actuar, pensar y vivir. *Se juntan y hasta terminan hablando de la misma forma* suelen decir las madres al ver a sus hijos reunidos con amigos.

Esta tendencia a "adquirir combos completos", fruto de la dificultad para elegir solo aquellas partes que se desean (y desechar las que no), da como resultado personas asfixiadas y atragantadas. Ahora, este "encierro" de tener que elegir únicamente un camino u otro, ¿es real? Claro que no. Por supuesto que cada uno tiene la posibilidad de armar sus propios combos, pero esto no es sencillo y lograrlo requiere de un gran trabajo personal.

Un ejemplo podría ser el de un alumno universitario al que no le gusta un profesor y, en consecuencia, empieza a odiar SU materia. O peor aún: empieza a odiar la carrera.

Otro, que fue al gimnasio porque le encantaría tener un cuerpo trabajado; pero como no le gustó el ambiente, concluye que los gimnasios "no son lo suyo" y abandona el objetivo de mejorar su físico.

Nuestras decisiones de vida están repletas de estos ejemplos en los que nos vemos llevados a tomar decisiones que no son de nuestro gusto y terminan dejando por afuera mucho de lo que nos gustaría hacer y disfrutar. Es muy difícil encontrar combos pre definidos que coincidan exactamente con nuestra elección. De modo que si uno no se prepara para armarlos a su medida, necesariamente va a quedar atrapado entre opciones diferentes a las deseadas.

Armar combos exactamente al gusto de uno, dejando afuera aquello que viene incluido "por defecto", es trabajo de psicoanálisis.

¿Por qué tanta gente se pierde de hacerlo?

- » **Porque no saben de qué se trata.**
- » **Por falsas creencias:**
- » Cómo un desconocido va a saber ayudarme
- » Tengo que **solucionar** lo que me pasa, no ir a **hablar**.
- » Si mi sentimiento es que mis preocupaciones actuales me

persiguen y estoy huyendo de ellas como de un león, lo último que voy a hacer es sentarme a reflexionar. ¡¡¡NECESITO CORRER!!!

» Mientras tenga la creencia de que pedir ayuda es sentarse, frenar mi huida o juntarme con alguien que va a, justamente, ayudar a que el león me atrape, seguro que no voy a ir.

» Porque se trata de ir a hablar del pasado.

» Porque es algo lento, que puede darme resultados a largo plazo, y yo tengo URGENCIAS.

» Porque suponemos que "revolver" cuestiones negativas, que a uno lo angustian, implica potenciarlas, perdiendo de vista el enorme poder de información que nos traen los síntomas y que solo así pueden elaborarse.

» **Por temor a tocar o interferir en algo que es funcional para uno.** Algo así como el: "mejor malo conocido que bueno por conocer". *¿Qué pasa si alguna instancia del proceso me fuerza a corregir algún aspecto de mi vida que aparenta estar "mal" pero que, en realidad, a mí me sirve?* En psicoanálisis eso no sucede porque justamente no se trata de una *cacería de síntomas* (en donde se busque eliminarlos a toda costa para arribar a un supuesto "ideal de felicidad"), sino de una búsqueda por ESCUCHAR qué hay detrás de ellos.

COMPRENDER sana y desatraganta

A veces se subestima el valor de COMPRENDER lo que nos pasa, de tener un diagnóstico claro. Por lo tanto se subestima el trabajo de reflexionar acerca de ello. Y en cierta forma es lógico que esto ocurra, porque solemos hacer la analogía del DIAGNÓSTICO con la medicina cuando, en realidad, son muy distintos uno del otro.

Tener un diagnóstico en medicina es resolver la mitad del problema: una vez que lo tenemos todavía nos falta la otra mitad, la **solución** a ese problema. Por eso si te digo que tengo el diagnóstico de lo que está ocurriendo en tu vida, es lógico que me digas: *Bueno perfecto, tenemos el diagnóstico, pero ¿cuál es la solución?*

Hay que entender que nuestra cabeza no funciona del mismo modo. El hecho mismo de comprender lo que nos pasa o de tener un diagnóstico, ya en sí mismo implica una solución. Comprender lo que nos pasa es entender nuestras elecciones y su lógica para así dejar de sentirnos atados, víctimas de las circunstancias, llevados por otros.

Pero acá hay que entender algo importante: comprender no significa entender los resultados o circunstancias en el sentido de *¿Querés saber por qué tenés sobrepeso? Porque elegiste comer lo que no te convenía.* Esa explicación no requiere de mucho análisis ni trabajo de comprensión. En todo caso lo interesante es comprender qué hace a una persona comer en exceso, aun sin hambre ni placer y en contra de su propia voluntad para, encima, tener un resultado que detesta. Comprender esas elecciones, que nos hacen mal pero que, aun así, no podemos dejar de repetir, es de lo que se habla en un análisis.

Cuando empezamos a ver de dónde surgen, cuánto de ellas tiene que ver con deseos de otros y no propios, y los beneficios que nos aportan (aún en el sufrimiento), es que empezamos a hacernos más dueños de nuestras vidas. Esto es lo que hace que podamos dejar atrás el atragantamiento que genera vivir "empujado" a aquello que no entendemos ni queremos.

Mala lectura sobre la RESPONSABILIDAD

El yo no es amo de su propia casa. Sigmund Freud[10]

---

10 "Una dificultad del psicoanálisis", Freud, 1917

Es un clásico encontrar en la cultura del crecimiento personal una visión distorsionada sobre lo que la responsabilidad significa.

Constantemente se habla de que para que las cosas cambien en su vida, es UNO quien tiene que cambiar. Y aunque esto en parte sea cierto, la forma en la cual se presentan los caminos está equivocada. ¿Por qué? Porque se piensa el HACERSE RESPONSABLE como un sinónimo de *hacete cargo*, cuando no son lo mismo.

¿Dónde está la diferencia? En que "hacete cargo" supone que la persona SABE lo que hace y, por lo tanto, debe también responsabilizarse por ello cuando el problema es, justamente, que NO SABEN por qué repiten aquello que les hace mal. Por lo tanto la responsabilidad no pasa por asumir las consecuencias ante lo que se hizo supuestamente "mal a conciencia", sino por entender qué es lo que lo lleva a hacerlo más allá de la propia voluntad.

Retomando el ejemplo de los socios internos, podríamos decir que el *hacete cargo* acusa al socio equivocado. De ahí que las personas se "autocastiguen" y llenen de culpa. *Pero, ¿soy tonto acaso? Si sé que esto me hace mal, ¿por qué lo hago?* Bueno, justamente porque el que lo hace no es el mismo que el que se auto reprocha.

El eje del problema es el siguiente: si no nos pensamos como seres divididos, en donde se juegan diversos intereses, y muchos de ellos están fuera de nuestra consciencia, es imposible siquiera empezar a entender por qué hacemos lo que hacemos. ¿Qué sentido tiene responsabilizar a la parte consciente? ¿Qué sentido tiene decirle *hacete cargo* si no es esa zona la que lo hizo? ESE es el error de lectura que puedo cometerse acerca de la responsabilidad.

Qué es la responsabilidad

Otra de las razones por las cuales promuevo el psicoanálisis es que su visión del ser humano no es la de *un tonto que necesita co-*

rrectivos a fin de enderezarse y así dejar de repetir continuamente aquello que le hace mal, sino que propone una mirada más comprensiva y respetuosa en la que la responsabilidad deja de significar: *hacete cargo de las cosas que hiciste*, y propone un: *si hiciste esto fue por algo. No porque te equivocaste ni porque sos un tonto; pero, teniendo en cuenta que no te hace sentir bien, pensemos por qué no estás pudiendo dejar de hacerlo.* La diferencia es grande: la persona no sería alguien que se equivoca y tropieza torpemente con las mismas piedras, sino que es alguien que no está teniendo a su alcance la posibilidad de modificar aquello que lo hace sufrir.

El "*hacete cargo*" lleva a la culpa. Y la culpa lleva a REPETIR, no a cambiar. Ya que solo sirve para DISculparse y, una vez saldada (gracias a la disculpa), puede repetirse nuevamente. La responsabilidad no consiste en autoculparnos, sino en entender en qué medida eso que repetimos y nos hace mal tiene que ver con nosotros. Y para eso necesitamos ver qué función, utilidad o razón tiene.

CONCLUSIÓN

Autodiagnóstico preventivo

Es posible que en el recorrido que fuimos realizando para llegar hasta acá algunas fuentes de atragantamiento hayan ido desapareciendo o al menos "aflojando" en su intensidad, ya sea por el simple hecho de visibilizarlas o por haber implementado algunas de las herramientas que vimos juntos. Pero la realidad es que la vida continúa y, aún en un estado ideal en el que se hubieran resuelto todos los potenciales atragantamientos, pueden surgir nuevas situaciones que van a poner a prueba nuestra capacidad de abordarlas. Desde ya que, continuando por este camino, vamos a ser cada vez mejores versiones de nosotros mismos, con lo cual difícilmente vuelvan a atragantarnos simples circunstancias que antes sí. Pero, de todas maneras, para no quedar nuevamente estancados en una situación de atragantamiento, veamos unas simples preguntas para tener en cuenta a modo de escaneo mental cada vez que no nos sintamos bien:

» ¿Estaré atragantado?

» ¿Con qué?

» ¿Por qué?

» ¿Cuánto tiempo tardo en detectarlo?

» ¿Cuánto tiempo me permito estar así?

» ¿Cómo puedo solucionarlo?

¿Y qué pasó con la meditación, el agradecimiento y el desarrollo espiritual?

Este libro está lógicamente orientado a personas interesadas en su crecimiento personal, que quieren progresar y, de manera general, alcanzar una mejor calidad de vida. En ese sentido es esperable que muchos hayan realizado algún tipo de recorrido o incursión por el mundo espiritual. De ahí que pueda resultar una pregunta esperable la de: *¿Por qué un libro que trata sobre cómo vivir mejor, no dice nada de espiritualidad?* Y la respuesta es que la intención fue delimitar de la forma más precisa posible el tema principal: **cómo resolver aquello que nos tiene atragantados**. Es cierto que buscamos una mejor calidad de vida, pero eso es muy amplio y podemos "irnos por las ramas", perder el foco del punto principal y caer en el error de provocar nuevas fuentes de atragantamiento. Veamos:

¿Cómo una persona en su búsqueda por mejorar puede terminar más atragantada?

Este libro no pretende decir que una vez "resuelto" aquello que nos tiene atragantados, nada más importa. Claro que uno puede desarrollar y explorar el mundo espiritual en busca de una mejor calidad de vida hasta de "felicidad" en su máxima expresión. Pero todo lo que vimos juntos es el "piso" de calidad de vida que nos merecemos tener. ¿Dormir y comer es acaso todo en la vida? No, pero sin esas necesidades básicas cubiertas no tiene mucho sentido hablar de algo más. En ese aspecto el atragantamiento aparece como una necesidad básica a cubrir.

No conozco mucho más allá de mi experiencia personal (de lectura y meditación todos los días en los que mi constancia y disciplina me lo "permiten"). Pero, por lo general, me interesa y valoro los beneficios de cualquier práctica que pueda llevarnos a tener una mejor calidad de vida. Ahora bien, dicho esto creo que es importante que, en esa búsqueda, tengamos el recaudo de no provocarnos mayores fuentes de atragantamiento aún. Me refiero a utilizar la espiritualidad con el fin de olvidar o "tapar" aquello que nos tiene mal, como un modo de auto-ocultarnos nuestro propio malestar; lo cual, más que beneficios solo aporta un mayor atragantamiento. Este es un riesgo (o como dicen los medicamentos, un "efecto adverso") que, por ejemplo, el pensamiento positivo puede provocar: simular un bienestar con el fin de promoverlo, pero dando como resultado un ocultamiento y un potenciamiento del malestar (no solo por ocultarlo y no abordarlo, sino también por la culpa que genera tener recurrentes pensamientos "negativos").

Para graficarlo: si estás intoxicado necesitás eliminar lo que tenés adentro, no tomar un digestivo para apaciguar el malestar. Primero eliminamos lo que nos intoxica (o atraganta), y después avanzamos. Nada más desagradable que ingresar a un baño sucio con desodorante de ambiente, y así es como se ven las personas "espirituales" atragantadas (lo digo entre comillas porque entiendo que es una **mala interpretación** de lo que la espiritualidad promueve).

Un ejemplo es el lugar que muchas veces se le da al "agradecimiento" y el reconocimiento hacia los demás como ejercicio de "elevación espiritual". *Agradecé todo lo que tenés en tu vida, reconocé lo que los otros hacen por vos, lo que hacen bien y por lo que merecen ser reconocidos. Vas a ver cómo te hace sentir bien.* Entiendo que puede ser una práctica valorable desde el lugar del respeto hacia el otro. Pero en cuanto se convierte en un mandato de lo que *está bien* y lo que va a hacernos "felices", podemos encontrarnos con personas enojadas, frustradas, insatisfechas, pero encomendadas a agradecer y reconocer a otros, como robots siguiendo una misión obligada. Claro que existe una conexión entre el agradecimiento y el bienestar, la paz y la elevación espiritual. Pero hay que tener cuidado con forzar ciertas prácticas que muchas veces se convierten en un mandato que (como siempre sucede con ellos) termina atragantando. Sentirse bien, en paz, es lo que genera agradecimiento y deseo de reconocer a otros, no necesariamente el ejercitar lo inverso (*agradezco tanto a la fuerza hasta que llego a internalizarla*).

¿Y qué es lo que genera ese sentimiento de bienestar? La CAUSA de ese estado consiste **en llevar la vida que queremos, en tener los caminos habilitados**. Eso es lo que hace sostener "nuestro lugar" en el mundo. Y, una vez que uno tiene su lugar, deja de estar en combate o en disputa. De ahí la paz.

Coincido con esta idea de que ser agradecido no tiene que estar vinculado al nivel de logros o calidad de vida alcanzado (*Voy a ser muy agradecido el día en que logre...*). No necesitamos esperar determinado éxito o cierta meta para sentirnos agradecidos. Pero sí necesitamos salir de ese estado de atragantamiento para poder sentirlo como algo genuino y no fruto de un ejercicio planificado.

No es necesario un mandato más (TENÉS QUE ser agradecido), sino que lo esencial es promover la libertad que nos aporta habilitar los caminos.

El desatragantamiento es una ANTI-LUCHA

Un gran recuerdo que tengo de chico es el placer que me generaba jugar en la computadora al "Prince of Persia". Podía estar horas sentado intentado pasar de nivel. En una de las instancias finales sucedía una situación muy particular que siempre me llamó la atención por lo enigmática y también, poética. El juego consistía en recorrer un castillo en el que, entre otros desafíos, había que enfrentar diferentes enemigos con una espada. En determinado momento aparecía, deteniendo el camino, un enemigo muy particular: "uno mismo". Es decir, un personaje no solo igual en cuanto a la apariencia sino que, además, se movía "en espejo"; es decir que replicaba cada movimiento que se hacía. Al enfrentarlo (siguiendo lo que uno siempre realizaba al encontrar un enemigo en el camino) se daban dos opciones: matarlo o morir; pero con una particularidad: ambas opciones daban como resultado perder el juego, ya que matar al "otro", implicaba la propia muerte.

La paradoja de esta instancia me fascinaba y me enloquecía a la vez por no poder visualizar ningún tipo de solución. Hasta que un día, de casualidad, la encontré (como se trata de un juego de los años 90, entiendo que no lo estoy spoileando): una vez enfrentados había que guardar la espada y acercarse al "otro-enemigo-uno mismo". Ahí ambos se unían, pasaban a "ser" uno solo y se avanzaba al siguiente nivel.

Esta paradójica escena me viene al recuerdo por el simbólico parecido con el desafío que representa el atragantamiento: una lucha en la que NO HAY QUE LUCHAR. El atragantamiento no es un enemigo ante el cual desenfundar una espada, sino más bien un fenómeno que necesita ser escuchado. Pensarlo en términos de *enemigo* refuerza su poder, porque en el mismo momento en que aparece una exigencia de lucha que establece lo que DEBEMOS hacer con él, ya dejamos de ser nosotros, y eso atraganta. El "DEBEMOS eliminar todo lo que atragante" instala un nuevo mandato que nos corre del lugar de protagonistas, de hacer lo que queremos hacer, y que desemboca en el resultado inverso al buscado: promover el atragantamiento en lugar de eliminarlo.

A diferencia de las luchas en defensa de derechos que estamos acostumbrados a escuchar (ya sea de género, religión, ecología, racial, laboral, etc.), protagonizadas por una minoría-víctima y una mayoría-agresora, acá las categorías bueno/malo, víctima/victimario, débil/fuerte están ausentes. Dicho de otro modo: no hay contra quien luchar. Entonces, más que hablar de lucha, podríamos decir que se trata de una ANTI-LUCHA.

Por lo general, las "luchas", en su afán por cobrar fuerza, suelen volverse radicales en su mensaje y, principalmente, INTOLERAN-TES, INTRANSIGENTES con sus *enemigos;* lo cual puede llegar a dar claridad a su mensaje, pero a la vez refuerza la antinomia entre ellos. Y es en ese punto crítico en el que no podemos conectarlas con el desatragantamiento. Pero hay un resultado fundamental en ellas, que es el mismo al que apuntamos: VISIBILIZAR LA PRO-BLEMÁTICA. Esto no es un "premio consuelo" ni mucho menos, sino más bien el objetivo principal a fin de ya no dejarlo pasar libre-mente y emprender el mejor camino para abordarlo.

No es casualidad que el libro lleve este nombre y no DESATRAN-GANTADOS, ya que la intención de instalar un ideal-mandato de desatragantarse es una incongruencia en sí que, sin desearlo, lleva al atragantamiento. El objetivo es más bien visibilizar este proceso que, independientemente de dónde surja (si de uno u otros), nos hace la vida más difícil.

¿Será muy tarde para empezar?

Esta pregunta es típica para cualquier rubro. Es más, aplica a cual-quier edad: pareciera que, sin importar la edad que tengamos, ¡siempre es tarde!

¿Pero por qué nos pasa? Porque tenemos instalado el chip de: TODO ES GENÉTICO, INNATO. Creemos muy poco en la forma-ción. Y parece lógico, porque es tan mala la formación tradicional que terminan destacándose únicamente aquellos que tienen las ha-bilidades innatas, y no quienes se forman para ello. Por eso pensar que "ya es muy tarde para empezar" tiene que ver con que si no lo hiciste hasta ahora, es porque no tenés las condiciones necesarias. Y eso naturalmente nos lleva a tirar la toalla y abandonar nuestros proyectos y sueños.

Dar esos pasos que necesitamos no tiene que ver con una habi-lidad en particular, sino más bien con obtener información que no solemos tener a disposición. Espero que este libro pueda darte ESA información. Después vendrá la práctica, pero ya tenés los pasos para empezar a destrabar lo que parecía imposible. Entonces, NUNCA es tarde para empezar.

¿Cuáles son mis expectativas ahora que terminaste de leer?

El objetivo en este instante no es que ya tengas resueltas todas las situaciones que te mantienen atragantado. Mi objetivo es que, a partir de este mismo instante (no más adelante, ni cuando empieces a poner en práctica algo de todo esto. No, ¡YA!), tengas dos ideas instaladas en tu cabeza:

1. **Diagnóstico:** Ante cada malestar, molestia, insatisfacción, te queda a disposición el botón del DIAGNÓSTICO de lo que está afectándote: estás ATRAGANTADO.

2. **Esperanza y tranquilidad de saber que ese diagnóstico TIENE solución:** con lo cual va a estar la motivación para emprender dicha solución; ya sea repasando todo lo que vimos juntos, o yendo a pedirle ayuda a alguien o a otro libro.

Con estas dos cuestiones ya siento que mi tarea está cumplida.

No importa en qué instancia de tu vida estés, si puedo dedicarte un deseo, es el siguiente: que hoy mismo empieces tu proceso para desatragantarte de todo lo que está impidiendo que tengas la vida que te merecés.

Advertencia final

Confieso que al comenzar a escribir me visualicé hablándole a alguien que, por distintos motivos, contara con pocas herramientas para evitar o afrontar el atragantamiento; ya sea en términos de edad, experiencia, recorrido personal o habilidades. Por eso supuse que no debía obviar ni el más mínimo y sencillo mensaje que pudiera transmitir, pues sería de gran valor. Pero en el transcurso de la escritura, profundizando en el tema y hablando con más personas, fui registrando de manera cada vez más clara que, sin importar la formación, intelecto o recorrido personal, esta piedra llamada atragantamiento aparecía interfiriendo la calidad de vida de manera casi universal.

Esto hizo que me replanteara si debía intentar otro enfoque; uno más complejo, "profundo", para aquellas personas con "grandes recursos". Pero esta duda no era más que el mismo mecanismo de engaño al que suele someternos el atragantamiento: hacernos subestimar y valorar como banal aquello que luego, paradójicamente, termina teniendo un peso decisivo en nuestras vidas. Por eso mi deseo (y advertencia) es que la sencillez del mensaje no provoque confusión respecto de hacia quién está dirigido este libro; ya que no es para "los inexpertos", "los tímidos", "los que tienen problemas", "los que cuentan con escasos recursos", ni para algún público específico restringido, sino para cada uno de nosotros, los atragantados. Entonces, independientemente de lo que indique tu documento y recorrido personal, espero que puedas evitar la tentación de pensar que "esto es para otros, no para mí", y logres entonces tomar estos simples pasos con la misma seriedad y compromiso que el dolor capaz de generarte el no darlos.

AGRADECIMIENTOS

A Ana María de Lodovici y Jorge Kahanoff, los dos psicoanalistas que tuve en mi vida y que, con estilos tan diferentes, ejercieron una influencia decisiva en ella y en este proceso de DESATRAGANTA-MIENTO.

A todos mis amigos emprendedores que me guiaron y guían para tener siempre un pie en la acción, y me inspiran para concretar sueños postergados.

A mi hermano Nicolás Furman por su siempre criterioso sentido común a la hora de hacer observaciones en las primeras versiones del libro, y por el modo en que lo hizo: con el cariño de alguien que no solo quiere ayudar sino, además, hacer sentir bien al otro.

Un agradecimiento especial a María González Franco, quien me estimuló desde el día 1 cuando le compartí una simple idea para hacer este libro y me respondió: "¡Me encanta!", sin saber si se trataba de una idea loca o de un proyecto real. Y porque fue la primera en leer el manuscrito y darme su aguda devolución con el mismo entusiasmo y cariño que en ese primer día.

Finalmente, a la editorial Del Nuevo Extremo, quienes hicieron que este proyecto fuera realidad: a Ana Guillot por esa hermosa combinación de grandeza y humildad para hacer parecer fácil lo que no se ve posible de destrabar; y por ayudarme a pensar, modificar y hacer relucir sin interferir en la esencia del otro. Y a Martín Lambré quien, apenas contándole unas breves ideas, no necesitó más para confiar plenamente en mí y en el proyecto, y decidió apostar a que saliera el libro.

¡¡Gracias!!